FLAMBOIEMENT
DES SYMBOLES MAÇONNIQUES

Solange Sudarskis

5

Vagabondages maçonniques

TABLE DES MATIÈRES

NB. Pour épargner le lecteur souhaitant accéder aux références de la documentation sur le web, des liens avec frappe au clavier simplifiée ont été créés avec le logiciel *tinyurl.com*.

**Pour approcher d'autres symboles,
voir le livret *Éclaircies sur les usages maçonniques*
de la Collection Vagabondages maçonniques**

1 LA GLORIFICATION DES OUTILS DU FRANC-MAÇON

Étymologiquement le mot «travail» viendrait du bas latin, *Tripalium*, du nom d'un instrument à trois piliers qui servait à ferrer les chevaux, à maintenir les animaux sous le joug et assujettir les condamnés à la torture. Assimilant l'action à l'instrument, on considéra le travail comme un maintien sous le joug en y ajoutant le contexte biblique de condamnation infamante à perpétuité. C'est le très grand honneur de la Franc-maçonnerie d'avoir détruit le tabou d'expiation qui pesait sur le travail; et de l'avoir remplacé par le symbolisme d'un effort, délivrant des servitudes humaines. (Éliane Brault).

Pour d'autres, «Travailler» *serait* formé sur une base lexicale exprimant un mouvement, qui s'articule au préfixe *tra–* exprimant la notion de passage assortie d'une résistance. André Eskénazi émet l'hypothèse selon laquelle tous les sens de *travailler* se ramènent à une signification abstraite: rupture, sous la pression d'une intervention extérieure, d'une position fondamentale de dégagement dans «d'en soi-pour soi-chez soi»[1].

---

[1] *Travailler*: <l.art.pense.free.fr/travailler.html>.

Leitmotiv des rituels de tous les rites du passage au deuxième degré qui reconnaît que c'est parce que l'apprenti a bien travaillé qu'il mérite de devenir compagnon, le travail est conçu, dans les loges, comme permettant d'atteindre un but moral. Le maçon est invité à travailler sur lui-même, à polir sa pierre brute, à se perfectionner avant de songer à améliorer le monde. La symbolique maçonnique, avec les outils du constructeur, témoigne de cette orientation primordiale.

Les francs-maçons, héritiers spirituels des bâtisseurs de cathédrales, ont leur Temple à construire. Salomon l'a conçu. Hiram en traça le plan. Chacun des frères et sœurs l'exécute. «C'est le temple de l'harmonie humaine et de la paix. Il est fondé sur la raison. Il est embelli par l'amour. Il est réalisé par le travail».[2]
Il s'agit, non seulement de participer aux travaux dans les loges, mais de répandre à l'extérieur les philosophies et, surtout, plus efficacement encore, de les servir par l'exemple et l'action dans le monde profane.

Le travail est celui du compagnonnage opératif qui fait de l'ouvrier un artisan, de l'artisan un ouvrier d'art et de l'ouvrier d'art un bâtisseur de cathédrales de pierre ou d'esprit.

Le travail est un dessein de perfectionnement, celui du franc-maçon n'est ni un labeur, ni une peine, ni une tâche, mais une liberté en action, un devoir.

---

[2] Écouter la chanson des tailleurs de pierre:
<tinyurl.com/chanson-tailleurs-de-pierre>.

Il est vraisemblable que la formule de glorification du travail ait été issue d'une traduction déformant les premiers rituels maçonniques britanniques. Depuis la moitié du XVIIIᵉ siècle jusqu'à nos jours, dans tous ces textes de rituels complets on glorifie (on honore) le *Craft*, éventuellement le *Work(ing)*. Or, *Craft* se traduit par *mestier*, chantier, savoir-faire ou œuvre, et *Work(ing)*, dans le contexte maçonnique, par rite, rituel, travail en loge, méthode, forme de travail, manière de travailler, en somme le «style». *Work(ing)* est le synonyme d'un rituel qui va gouverner et diriger la loge. Il ne s'agit donc, par cette expression, que de la glorification du travail initiatique.

Et pour ce travail la Franc-maçonnerie offre des outils.

«Pratique, beau, divers, l'outil transpire l'unité de l'homme qui l'a conçu, utilisé, soigné, transmis. Particulier en son utilité, il sue bien d'avantage encore l'unité d'un homme dont toute porte à penser qu'il n'est devenu *sapiens* qu'à force de s'être voulu *faber*» (Paul Feller). L'homme a mis dans l'outil qu'il a créé du savoir-faire, de l'imagination, de la patience, un sentiment du possible bien contrôlé, un sens précis de ses actes; sans l'outil qui réalise, l'invention de l'esprit n'est que rêverie.

«La première preuve, quant aux outils dans les cérémonies maçonniques, provient de l'*Edinburgh Register House MS.* de 1696, avec deux versions ultérieures, presque identiques, de c. 1700 et c. 1714. Ces textes ne contiennent qu'un seul passage qui mentionne des outils. Cela se produit au cours de la salutation du candidat aux Frères lors de son retour dans la loge: comme je suis juré par Dieu, Saint Jean par l'équerre et le compas, et juge commun…

En 1801, Preston, lors de sa cérémonie d'installation, a énuméré la règle, la ligne, la truelle, le ciseau, l'aplomb (la perpendiculaire), le niveau, l'équerre, le compas et le maillet, dans cet ordre, et a «moralisé» chacun d'eux[3].

Il est évident que les outils présentés au cours d'une vie maçonnique sont à considérer comme allusifs à une manière - tant intellectuelle que morale et spirituelle - de penser et de progresser (taille, géométrisation et vérification). Les outils retenus servent d'indication aux francs-maçons pour une action conforme à la fraternité et à l'amélioration de chacun d'eux. «Je vous présente maintenant les outils de travail de l'Apprenti franc-maçon. Ce sont la Règle de vingt-quatre pouces, le Maillet à dégrossir et le Ciseau. La Règle de vingt-quatre pouces nous sert à mesurer l'ouvrage, le Maillet à dégrossir la pierre brute et à enlever les aspérités, le Ciseau à aplanir la pierre, et à la préparer avant qu'elle ne passe aux mains d'ouvriers plus habiles. Or, comme nous ne sommes pas tous des maîtres opératifs mais plutôt des maîtres Francs et Acceptés ou Maîtres symboliques, nous appliquons ces outils à notre conduite morale» (Rite Émulation: extrait du rituel au grade d'Apprenti, correspondant à la présentation des outils).

Les outils retenus servent d'indication aux francs-maçons pour une action conforme à la fraternité et à l'amélioration de chacun d'eux. Les outils maçonniques expriment ce que Bergson disait de la philosophie: «agir en homme de pensée, penser en homme d'action».

---

[3] Harry Carr, *Le franc-maçon au travail,* 79-p.165: <tinyurl.com/le-franc-macon-au-travail>.

L'objet rituel, selon Philippe Langlet, est un principe, et les rituels, quand il y est présent, soulignent constamment qu'il est utilisé pour «moraliser», c'est-à-dire qu'il est essentiellement support d'interprétation «spirituelle»…Ainsi on peut les associer avec la triade maçonnique: Sagesse (règle, équerre, compas); Force (levier, maillet, ciseau); Beauté (niveau, perpendiculaire, truelle).
Jean Baudrillard a raison d'affirmer que cet objet (outil) «n'a plus de fonction, il a une vertu»[4].

LES OUTILS DE LA SAGESSE (RÈGLE, ÉQUERRE, COMPAS)

La Règle

Instrument rectiligne qui sert à diriger la main pour tracer des lignes droites, c'est aussi ce qui peut conduire, diriger les actions et les pensées des hommes par un jugement équitable. La droiture donne la rectitude, la direction dont il ne faut pas dévier et la loi morale dans ce qu'elle a de rigoureux. «La Reigle disoit au compas: Tu ne sais pas ce que tu dis; tu ne saurais rien faire qu'un rond seulement qui est le trou du cul; mais moy je conduis toutes choses directement, et du long et de travers; et en quelque sorte que ce soit je fais mon cher droit devant moi. Ainsi quand un homme est mal vivant, on dit qu'il vit desreiglement», qui est autant à dire que, sans moi il

---

[4] Poursuivre et compléter par la lecture du texte: *Lettre aux francs-maçons* par Dominique Naert: <dominique-naert.fr/forum/lettre-aux-francs-macons>.

ne peut vivre droitement. Voilà pourquoy l'honneur m'appartient d'aller devant». (Bernard Palissy, *Dessein du jardin délectable*). À la Renaissance, l'équerre porte le nom d'esquierre, et la règle porte le nom de rigle[5]. L'importance de l'enseignement de la règle est manifeste, la règle est portée au cours de 3 voyages (sur les cinq) lors de l'augmentation de salaire, soulignant l'exigence de ce devoir impératif et de sa constance dans le temps. À certains rites, la règle graduée est d'abord portée sur l'épaule gauche, symbolisant la passivité, la soumission à la matière, puis dans la suite des voyages elle est portée à droite signifiant son sens actif et sa plénitude. À gauche elle devrait être portée avec la graduation apparente (la graduation fait entrer la métaphysique de la droite infinie dans le domaine inférieur de la quantité et de la finitude), à droite sans graduation.

Sur l'arbre des séphiroth anthropomorphe, l'épaule gauche est *hesed* (la générosité, qui est le centre par lequel s'exprime la bonté pure), l'épaule droite est *geburah* (la puissance. Elle exprime la force vitale).

Souvent sectionnée en 24 divisions horaires, la règle est le symbole de la loi commune qui régit les phénomènes du monde réel et du monde spirituel. La répartition de ces divisions se voulait indication de règle de vie pour le franc-maçon, comme indiqué dans les *Divulgations* de Martin Harvey: 6h pour le travail, 6h pour la prière, 6h pour la communauté, 6h pour le repos. La Franc-maçonnerie anglo-saxonne la découpe en 8h pour le

---

[5] Parfois reigle, Jean Bullant (151?-1578), *Petit traicte de geometrie et d'horologiographie pratique*, p.4: <tinyurl.com/traite-de-geometrie>.

travail au chantier, 8h pour la prière et les exercices spirituels, 8h pour le repos et la vie familiale.

La règle, c'est aussi le règlement, le principe qui dirige un groupe et qui s'impose à lui.

Une association d'individus peut se considérer comme constituant un ordre quand elle présume une règle ou un rite à travers lesquels on obtient une déterminante infinie.

Un ordre est initiatique quand la règle ou le rite sont tels qu'ils complètent la signification de la parole elle-même.

La Franc-maçonnerie se définit comme ordre initiatique. Certaines obédiences, dans le cas de quelques grandes loges dites régulières, se définissent comme un ordre initiatique qui, tout en transcendant les spécificités individuelles, regroupe des personnes qui acceptent par serment, de vivre sous certaines règles que l'on appelle Anciens Devoirs. Les fondements de la régularité maçonnique s'appuient sur le respect d'un ensemble de règles consignées dans les composantes de base que sont les Landmarks, la *Règle en douze points* de la Franc-maçonnerie, la *Constitution* de la GLNF du 14 novembre 1915 qui inclut le règlement général et les principes de base propres à toute grande Loge régulière: «-1er Surveillant: Frère Second Surveillant, où sont tracées les règles de nos devoirs? -2nd Surveillant: Elles sont empreintes dans nos cœurs; la raison nous en instruit, la religion les perfectionne, et la tempérance nous aide à les remplir».

Équerre et compas font l'objet du prochain chapitre.

LES OUTILS DE LA FORCE (LEVIER, MAILLET, CISEAU)

Le Levier

«Oui, depuis longtemps l'idée flotte dans mon esprit qu'il est un point en lui [l'univers] d'où tout se découvre, un certain levier qui donne prise sur lui». (Julien Gracq).

Barre rigide, mobile sur un point d'appui, dont on se sert pour soulever ou faire mouvoir un élément pesant, surmontant ainsi une résistance, qu'elle soit physique ou morale.

Certains ont pu considérer les colonnes Jakin et Boaz du Temple de Salomon comme des engins de levier, permettant d'actionner un mécanisme à l'intérieur du Saint des saints; l'assemblage de leur nom signifiant: «il érigera» «avec la force». En plus de décrire la grandeur du Dieu des Hébreux, ces colonnes auraient constitué un système avec base et force de sable faisant pivoter un levier qui devait soulever ou abaisser l'Arche d'Alliance placée dans l'espace sacré du Saint des saints, afin de la protéger[6].

À la volonté du soulèvement, il faut joindre l'habileté en trouvant ce qui fera basculer ce qui paraissait inerte. Cela suppose donc connaissance et persévérance dans l'effort. Le levier est l'emblème de la puissance de la science et de la force de la pensée.

---

[6] Patrick levy, *L'arche d'alliance est à Jérusalem*, vidéo: <tinyurl.com/Arche-d-alliance>.

La métaphore du soulèvement grâce au levier traduit la dynamique d'un mouvement montrant le dessous, la face cachée des choses, élargissant ainsi le champ de l'entendement du compagnon, tout comme le pas de côté de la marche au deuxième degré de certains rites. La pierre, que le levier doit faire bouger pour la mettre en place, c'est le franc-maçon lui-même devenant un morceau du temple en y intégrant sa nature et les affirmations de sa liberté de conscience. Si l'impulsion semble venir de l'extérieur pour qu'il puisse s'élever, le franc-maçon apprend qu'il est à la fois la pierre et le levier.

C'est avec le levier que peut être extrait, de la pierre cubique, le pyramidion pour construire la pierre cubique à pointe.
Avec l'Intelligence et la Connaissance comme bras de levier, la Sagesse devient un point d'appui pour intervenir dans le monde profane.

Le Maillet

Dans la langue sacrée de l'Égypte ancienne, le maillet est appelé «d'ouvreur du cœur». Le nom donné au sculpteur signifiait «celui qui donne la vie». Telle est la fonction du travail maçonnique, faire sans cesse jaillir la vie en découvrant l'esprit caché dans la matière.

Nommé *«malleus»*, il est décrit dans le *Lexique des Antiquités romaines* (rédigé par Georges Goyau, 1896) comme: instrument des ciseleurs, des tailleurs de pierres, des maçons, des charpentiers…; masse avec laquelle les bouchers et les victimaires assomment les animaux[7].

Le marteau en vieux gaélique se dit «ordos» (avec la mise en ordre) portant l'idée de création à travers le son.
La première apparition du mot «maillet» eut lieu en 1606. On en faisait alors mention comme diminutif de «mail», en référence à l'instrument de guerre utilisé jadis par les Français. De sa première utilisation comme arme (engendrant le désordre), le maillet servira par la suite la justice (représentant l'ordre).

Le maillet est la représentation de la clé tautique ou cruciforme des divinités égyptiennes dont la clé du Nil n'était qu'une imitation. Il symbolisait le pouvoir et la puissance, et ne s'accordait qu'aux initiés du plus haut degré, comme consécration de leur sacerdoce. Le maillet est aussi devenu la croix tronquée gnostique ou baphométique.
En Franc-maçonnerie, il est un outil qui symbolise le pouvoir ou la volonté.

Le Maillet est cité parmi les douze lumières de la Loge: «de Père, le Fils, le Saint Esprit, le Soleil, la Lune, le Maître Maçon, l'Équerre, la Règle, le Fil, le Plomb, le Maillet et le Ciseau»[8].

Tenu par le Vénérable et les deux surveillants, il représente le pouvoir de diriger la loge. Petit marteau en bois, ordinairement précieux ou orné, il n'est aujourd'hui

---

[7] <tinyurl.com/maillet-malleus>.
[8] *Graham Manuscript*, 1726, p.4/10. Voir Note de bas page n° 53: <tinyurl.com/manuscrit-Graham>.

confié qu'aux trois premiers dignitaires (le Vénérable et les deux Surveillants) qui, en loge, sont chargés de diriger les initiations, et d'instruire les adeptes. Habituellement, le maillet est fait d'un bloc de bois de chêne, de frêne, de buis ou d'orme et comporte un manche de frêne de petite longueur.

Le marteau du Maître de Loge s'appelle aussi un Hiram, parce que, comme cet architecte, il gouverne le Craft (tout le corps des francs-maçons, partout dispersés) et maintient l'ordre dans la Loge, comme il l'a fait dans le Temple.

Il existe un instrument, le *heavy maul*, qui désigne le maillet pesant avec lequel le Maître Hiram est assassiné. C'est pourquoi une parole à ne partager qu'entre francs-maçons est dite sous le maillet, sous le sceau du secret.

Dans le RSE/RÉÉ, on devrait distinguer toujours le maillet de justice ou de juridiction (*mallet*) du maillet pesant opératif (*setting maul*). Ce dernier est le vrai maillet des surveillants et du vénérable, symbole de leur pouvoir; ce mot étant à entendre comme compétence manifestée en frappant divers coups déterminés pour commander et faire exécuter les travaux d'une manière précise et symétrique, il est utilisé suivant la liturgie de la maçonnerie. Il est également représenté sur les attributs du premier diacre.

Selon Mackey, le maillet est un des outils de travail d'un maître de marque, ayant la même signification emblématique que Marteau commun dans le degré d'apprenti entré. Il nous enseigne à corriger les irrégularités de caractère et, comme la raison éclairée, à freiner les aspirations d'une ambition débridée, pour déprimer la malignité de l'envie et pour modérer l'ébullition de la colère. Il enlève de l'esprit toutes les excroissances et s'y adapte, comme une bien-travaillée pierre, pour cette station exaltée dans le grand temple de la nature à laquelle, comme une émanation de la Divinité.

Le marteau commun est l'un des outils de travail d'un apprenti entré. Il est fait usage de le maçon opératoire pour casser les coins de la pierre de taille rugueuse, et ainsi l'adapter le mieux pour l'utilisation du constructeur, et est donc adopté comme un symbole dans la Franc-maçonnerie spéculative, à nous avertir du devoir de nous dépouiller de nos esprits et de nos consciences de tous les vices et de toutes les impuretés de la vie, ajustant ainsi nos corps comme des pierres vivantes pour ce bâtiment spirituel non fait avec mains, éternelles dans les cieux. Il emprunte son nom à sa forme, celle du pignon ou le gavel fin d'une maison; et ce mot vient encore du *gipfel* allemand, un sommet, haut, ou pic l'idée d'une extrémité pointue étant commune à tous.

Pour l'apprenti c'est la volonté de travailler sur lui-même. L'anglais différencie ce maillet (*common gavel*) de celui utilisé par le vénérable et les surveillants (*mallet or setting maul*). La vraie forme de ce maillet (marteau) est celle du marteau des tailleurs de pierre. Il doit être fait avec une coupe bord qui peut être utilisée pour briser les coins de pierres brutes, une opération qui ne pourrait jamais être effectuée par le marteau ou le maillet commun. Le maillet est toujours utilisé avec le ciseau pour le travail du néophyte: tailler sa pierre brute.

La vraie forme du marteau est celle du marteau des tailleurs de pierre. Il doit être fait avec une coupe bord qu'il peut être utilisé pour briser les coins de pierres brutes, une opération qui ne pourrait jamais être effectuée par le marteau ou le maillet commun. Le marteau ainsi façonné donnera, lorsqu'on le regarde en face, la représentation exacte du marteau ou du pignon une maison, d'où, comme on l'a déjà dit, le nom dérive.

Le plus célèbre des *Setting Mauls* est l'un des plus précieux de la Lodge of Antiquity, n ° 2, United Grand Lodge of England. Il appartenait autrefois à Sir Christopher Wren, et a été par lui présenté à la Loge dont il était membre (de même que son fils après lui). Dans un registre écrit de la loge appelé Livre E, dans ce qui est dit être une copie d'un ancien livre des procès-verbaux, un article daté du 18 mars 1722 fait référence au «vieux maillet utilisé pour poser la première pierre de la cathédrale Saint-Paul. Dans l'inventaire de la loge de 1778, il y a un record: le maillet avec lequel Sir Christopher Wren a posé la première pierre de la cathédrale Saint-Paul. En 1827, le duc de Sussex, grand maître, y fit apposer une plaque en argent gravé: il s'agit du même maillet avec lequel sa majesté le roi Charles II a nivelé la première pierre de la cathédrale Saint-Paul[9].

Le Ciseau

C'est un des outils emblématiques du Maçon grâce auquel l'opérant doit s'efforcer de faire tomber, comme autant d'aspérités fâcheuses, ses défauts, ses préjugés et ses erreurs. Le ciseau symbolise le raisonnement, l'intelligence, le discernement. Le ciseau, est l'emblème

---

[9] Albert C. Mackey M. D., *Encyclopédie de la Franc_Maçonnerie et de ses sciences apparentées*: <tinyurl.com/le-maillet-de-Wren>.

de la discipline et de l'éducation. L'Esprit dans son état primitif est rude et non poli, telle la pierre brute, et comme le ciseau a pour effet sur la surface de la pierre d'en faire jaillir les beautés cachées, l'éducation fait ressortir aussi les vertus latentes de l'esprit.

Le Ciseau n'apparaît que fort tardivement dans les rituels de la Maçonnerie spéculative. Dans *The Whole Institution of Masonry* (1724), l'outil est cité parmi les douze lumières de la Loge: «Le Père, le Fils, le Saint Esprit, le soleil, la lune, le Maître Maçon, l'équerre, la règle, le fil, le plomb, le maillet et le ciseau».

Le travail sur la pierre consiste à enlever le superflu, à ôter et supprimer le lourd et le grossier, à conférer une qualité à ce qui est encore une quantité, et à privilégier l'être par rapport à l'avoir. Cette taille de la pierre est un cisèlement de l'être. On parle d'abandon du vieil homme. Le ciseau est actif par rapport à la pierre passive, sur laquelle il imprime sa marque; en revanche il est passif par rapport au maillet dont il subit l'impulsion. Il correspond alors à une faculté de distinction et de discrimination. Comme le suggère Irène Mainguy: «Dans son application initiatique et opérative, le ciseau symbolise une connaissance distinctive et le maillet la volonté spirituelle qui actualise ou stimule cette connaissance».

Utilisé au premier degré pour dégrossir la pierre brute, il est, au deuxième grade, l'outil pour affiner, lisser, polir la pierre cubique. Ce ciseau est l'allégorie du perfectionnement de soi et de son influence salutaire exercée non seulement sur l'individu, mais sur tout son entourage.

Outre le ciseau, il existe un très grand nombre d'outils de la taille de la pierre, adaptés à sa dureté: pointe ou pointerolle, pied-de-biche, ciseau à grain d'orge, ciseau à bout rond, chasse, chasse-pierre, gradine, gouge, massette, taillant, têtu, pique, polka, boucharde, chemin de fer, rabotin, râpe, ripe, scie, sciote,...

LES OUTILS DE LA BEAUTÉ (NIVEAU, PERPENDICULAIRE, TRUELLE)

Le Niveau

Ce mot provient de l'ancien français *nivel*, déformation de *livel*, du latin *libella*, qui désigne précisément le niveau maçonnique. L'outil, composé de deux jambages et d'une traverse graduée, est surmonté d'un fil à plomb oscillant; stabilisé à la verticale, à équidistance de son piétement, il nous indique la rectitude de l'horizontale. L'archipendule est l'ancêtre du niveau, constitué d'un cadre et d'un fil à plomb.

Pour le Chinois, le niveau est le symbole des magistrats, des hommes de justice, des justes, de ceux qui sont équitables... des hommes de droiture, ceux dont on dit parfois, en accolant le pouce et l'index et en traçant une droite dans le vide, qu'ils sont à niveau. On retrouve cette idée d'équité chez les Hébreux avec Isaïe 28.17 «Je prendrai le droit pour règle et la justice pour niveau».

Le niveau est l'outil de base sans lequel aucune construction ne saurait être bâtie sans risque de s'effondrer.

Flamboiement des symboles maçonniques

Le niveau dit «de maçon» est un outil de la maçonnerie opérative. Il sert à mesurer l'horizontalité d'une surface, bien qu'il indique aussi la verticalité, s'entendant alors comme la droiture d'esprit. Il existe plusieurs types d'outils nommés niveau, servant à vérifier la planéité: niveau à bulle, de charpentier, de paveur… Celui de la Franc-maçonnerie est un bijou, emblème de l'un des deux surveillants, variant selon les rites, avec la perpendiculaire. Ils s'appuient l'un et l'autre sur le fil à plomb. Ainsi ils permettent de vérifier la conformité de la réalisation, de l'élévation aux principes énoncés par le plan de l'œuvre, porteurs de signifiants philosophiques et de devoirs de fonction.

Le niveau symbolise l'égalité fondamentale des hommes. Le règne de ce principe d'égalité, dans les droits et dans la valeur humaine, est la condition *sine qua non* de l'épanouissement de cet esprit de fraternité qui distingue la Franc-maçonnerie. Parce qu'il évoque avant tout l'égalité, le niveau convie les francs-maçons à inventer les relations qui permettront de manifester l'idéal humaniste et fraternel.

Le Prichard (1730) cite le Niveau parmi les bijoux mobiles pour vérifier toutes les horizontales.

Pour le RER, le niveau est l'emblème de la **régularité**.

Au Rite Français Ancien, bien que ne figurant pas parmi les outils de passage, le niveau est ainsi expliqué: «le Niveau nous avertit qu'**il doit régner** une parfaite égalité entre tous les Maçons».

Au Rite Émulation, «le niveau sert à poser les surfaces planes et à vérifier les lignes horizontales… Il nous **enseigne** l'égalité».

Commencé dans la verticalité avec le fil à plomb, l'apprentissage se poursuit dans le plan transversal avec le niveau. En passant de la perpendiculaire au niveau, le jeune maçon quitte le 2 du dualisme, celui des oppositions, pour découvrir le 2 de la multiplication, celui de la dualité.

Dans les loges émulation, une louve est placée sur le plateau du 1ᵉʳ surveillant dont l'emblème est précisément le niveau, sa fonction est associée à la colonne de la force Jakin.

Le niveau du surveillant se présente sous la forme d'un châssis triangulaire auquel est suspendu un fil à plomb qui vient battre une marque quand l'instrument est en position horizontale.

Au cadran solaire, le niveau se déduit de la verticale par un déplacement de l'ombre de la lumière.

La Perpendiculaire

Du latin *perpendiculum*, ce qui pend à la verticale et *perpendere*, peser attentivement, apprécier avec exactitude, évaluer avec précision. La perpendiculaire est aussi appelée fil à plomb en maçonnerie.

Une perpendiculaire est une droite géométrique convenue, dans une figure géométrique convenue, qui peut se trouver n'importe où dans l'espace pourvu que, issue d'un sommet de cette figure géométrique, elle face un angle de 90° avec une autre droite de cette figure, opposée au sommet dont elle est issue. Cette figure géométrique pourrait par exemple se situer dans un plan tangentiel à une sphère. On peut donc tracer des perpendiculaires dans la voûte céleste, mais pas des verticales car la verticale d'un lieu se situant sur une sphère, passe par le centre de cette dernière.

Le symbolisme principal du fil à plomb dans la tradition maçonnique est celui de la droiture morale, illustrant les vertus de vérité, de justice et d'intégrité. Lorsqu'il est appliqué à la conduite humaine, le fil à plomb souligne l'importance de mener une vie qui adhère aux principes moraux les plus élevés

Le second surveillant qui a une fonction d'éveilleur des apprentis porte en sautoir la perpendiculaire, symbole actif de la recherche sur soi, de la profondeur de la connaissance et de sa rectitude. Il invite l'apprenti à descendre dans les tréfonds de la conscience de soi, mesurant la pesanteur de ses pensées, de ses actes et de ses propos, puis à s'élever, libéré, régénéré, apaisé et confiant, ayant accédé à un niveau de conscience nouveau.

Partie complémentaire de l'horizontalité dans l'équerre, la verticalité doit être marquée dans toute gestuelle maçonnique qui veut faire référence à la rectitude, à la droiture et à l'équilibre.

La Truelle

Pourvue d'un manche oblique, sa forme est empruntée à la «Truelle à finir».

Cet outil représente l'achèvement du travail, le moment où l'on étale et lisse sur les murs le mortier ou le plâtre qui efface les distinctions entre les pierres. Il est aussi associé à la puissance créatrice; au Moyen Âge, le créateur était parfois représenté une truelle à la main.

Au RER, elle orne le plateau du Vénérable. On la retrouve aussi aux grades capitulaires: Arche Royale, Maître Écossais de Saint-André, etc., on y explique que les Maçons du Temple de Jérusalem tenaient l'épée de la main gauche et la truelle de la main droite. Ce qui prouve, entre autres, que le maçon ne doit ni attaquer, ni se battre, mais seulement travailler et se défendre. La truelle est un outil de «liaison» et de coordination, donc un rappel du lien fraternel. Le symbolisme de cet outil se fonde aussi sur la forme triangulaire de sa lame et sur son profil brisé simulant l'éclair.

Le *Rituel de Swedenborg* de 1870 explique: «La truelle est l'instrument qui permet d'étendre uniformément le ciment sur les pierres de la construction. Symboliquement, nous l'utilisons pour étendre le ciment de l'amour fraternel et de l'affection tant sur la surface que sur les fondations des institutions humaines afin d'unir les hommes dans l'unique fraternité des enfants d'un même père, qui ont comme seul but l'intérêt de tous. Ainsi cimentées, toutes les pierres de l'édifice seront droites, impartiales, justes et égales entre elles».

Pour Mackey, la truelle est l'outil par excellence du Maître: Lors de la construction du Temple, les pierres ayant été taillées, équarries et numérotées dans les carrières par les apprentis, ayant été correctement ajustées par les compagnons, sont finalement fixées à leur endroit approprié, avec le ciment le plus fort et le plus pur, par les maîtres constructeurs. Après que les compagnons aient prouvé l'exactitude de leur travail (par l'équerre, le niveau et l'aplomb) et testé, par ces instruments infaillibles, l'exactitude de leurs joints, satisfait de la juste disposition de chaque partie, le maître appliquait le ciment, qui devait donner une union immuable à l'ensemble RF[10].

La truelle, que le récipiendaire tient en main pendant le cinquième voyage de l'initiation au second degré, est l'outil avec lequel, par la chaux ou le ciment, le maçon unit les pierres, en particulier les dalles du pavé mosaïque, place les enduits et polit les surfaces. C'est par elle que la construction se termine et devient parfaite. La truelle symbolise, outre l'achèvement du travail, sa glorification. Dans le rituel de 1786, au cours de la cérémonie d'attribution du 2ème Ordre de Sagesse, on utilise une truelle pour oindre le récipiendaire sur le front, la bouche et le cœur d'une mixture composée de lait (douceur), d'huile (sagesse), de vin (force) et de farine (beauté).

Au RER, la truelle est évoquée dès le grade d'apprenti «pour construire des temples à la vertu». Remise au deuxième degré, elle prend une autre signification: «Pour couvrir charitablement les défauts de mes frères». comme on peut le lire dans le discours prononcé par le frère Lalande en recevant Voltaire dans la Loge des Neuf-sœurs (1778). L'expression "passer la truelle" signifie aussi pardonner. Cette incitation à l'indulgence est le véritable ciment de la tolérance, de la concorde et de la fraternité.

Pour Ambelain, la Truelle n'est pas en effet le symbole d'un effacement de toute irrégularité sur une face de la Pierre cubique. Elle est encore le rappel, l'image du

---

[10] Albert G. Mackey, *The Symbolism of Freemasonry*, 1882, chap. XII, The Symbolism of Solomon's Temple: <tinyurl.com/symbolisme-Temple>.

ciment qui unit les pierres du Temple entre elles, les maçons eux-mêmes[11]. La truelle rappelle à chaque nouveau franc-maçon son devoir constant de prendre soin de ses Frères et sœurs de la Franc-maçonnerie.

«Les monarques eux-mêmes n'ont pas pensé qu'ils dérogeaient à leur dignité d'échanger le sceptre contre la truelle». Dans cette déclaration, il est dit que certains qui ont occupé le poste le plus élevé du pays n'ont pas eu honte d'occuper le poste le plus récent et d'être le plus jeune parmi les francs-maçons.

Il est à noter que la truelle est absente des Rites Écossais.

---

[11] Robert Ambelain, *La Symbolique maçonnique des outils*, Scala *Philosophorum*: <tinyurl.com/symbolique-outils>.

2 LE COMPAS ET L'ÉQUERRE, UNE HISTOIRE D'UNION

Le compas et l'équerre, voilà bien un couple emblématique de la Franc-maçonnerie.

Approchons ces **personnages** de plus près. Il faut bien commencer par l'un deux, alors zoom sur le Compas.

Une légende, rapportée dans le *Tome VII* intitulé *Les amours du Compas et de la Règle, et ceux du Soleil et de l'Ombre* d'un ouvrage de 1620[12], *Variétés historiques et littéraires, recueil de pièces volantes rares et curieuses en prose et en vers,* raconte qu'à la suite du meurtre de Talos par son oncle Dédale (jaloux de sa découverte de la scie et du compas), «de compas se sauva sur ses jambes pointues», et tombe amoureux de la règle, d'origine céleste car »née des baisers du Soleil et de l'Ombre». Pour la séduire, car elle commence par le repousser, il lui tient ces propos: «toutefois nos amours produiront des enfants qui

---

[12] *Variétés historiques et littéraires, recueil de pièces volantes rares et curieuses en prose et en vers, Tome VII Les amours du Compas et de la Règle, et ceux du Soleil et de l'Ombre, p.293, 1637: <tinyurl.com/amours-compas-et-equerre>.*

vaincront le trépas. De nous deux sortira la belle architecture et mille nobles arts pour polir la nature…. Le compas aussitôt sur un pied se dressa, Et de l'autre, en tournant, un grand cercle traça. La règle en fut ravie, et soudain se vint mettre dans le milieu du cercle, et fit le diamètre».

Le compas «conduit et mesure les choses». Il permet en effet de matérialiser les segments que l'on veut reporter ou multiplier, sans pour autant passer par la mesure abstraite des nombres. Si tu ne peux le calculer, montre le.

Le mot compas vient du verbe latin «*compassare*» qui veut dire: mesurer avec le pas. Cet instrument sert à prendre une mesure pour la reporter à l'identique, traçant ainsi un cercle dont l'ensemble des points se situent à égale distance d'un point appelé centre. Ainsi, le compas délimite le monde mais, aussi, définit ce qu'il contient. C'est ainsi que Dante, dans *Le Paradis* (XIX, 40-42), désigne le dieu créateur comme: «celui qui de son compas marqua les limites du monde et régla au-dedans tout ce qui se voit et tout ce qui est caché».

Cette même idée est représentée en 1225 par fameux «divin architecte» dans la Bible moralisée codex 2254[13] avec ce commentaire: *Ici crie Dex ciel et terre, soleil et lune et toz elemenz*. On peut remarquer la position de la main gauche comme un geste pour donner à sa création un mouvement rotatif libératif du créateur, ce qui l'a fait souvent assimilé au GADLU. Contrairement à cette posture, à la même époque, avec le même type de

---

[13] Bible moralisée codex 2254: <tinyurl.com/la-bible-moralisee>.

compas, on trouve le Créateur conservant sa création dans La *Bible moralisée* dite de *Vienne Codex 1179*.

Le compas est donc symbole de création du monde. Il combine le cercle qui est la figure de l'Infini, avec le point qui représente le début de toute manifestation. En latin, «*centrum*» est la branche fixe du compas autour de laquelle l'autre pivote.

L'éternel et le contingent, l'origine et l'actuel cohabitent donc dans le symbole du Compas.

Si le cercle est, dès la plus haute antiquité, associé à la création et/ou à un dieu créateur, le compas en Occident, et dès le Moyen Âge, se substitue au cercle: il est l'outil par excellence du créateur.

L'utilisation du compas implique une rotation, donc un mouvement, c'est pourquoi il est perçu comme l'activité dynamique de la pensée et de l'esprit; la pointe du compas étant la décision, ce qu'il permet de tracer étant la réalisation. Il matérialise également ces vertus fondées sur la mesure que sont la prudence, la justice, la tempérance et la sagesse.

Sur le frontispice de la Constitution dite d'Anderson de 1723, on peut voir le duc de Montagu, Grand Maître descendant de charge, qui transmet au nouveau Grand Maître, le duc de Wharton, ladite Constitution en même temps qu'un compas. Sa présence met en relief l'importance des sciences, de la géométrie en particulier, pour la maçonnerie spéculative à ses origines.

Le compas serait le cosmos, l'équerre la science et la raison qui permettent de l'approcher et de le comprendre.

Dans la *Confession d'un maçon* (1727) le compas est lié au serment de l'initié qui le tient alors piqué sur sa poitrine ouvert à 90° (qui est la mesure de l'équerre). Dans le Régime Rectifié le Vénérable Maître dit à l'initié: «prenez ce compas ouvert en équerre et posez en la pointe avec la main gauche sur votre cœur à découvert… le compas sur le cœur est l'emblème de la vigilance avec laquelle vous devez réprimer vos passions et réguler vos désirs».

Lié au serment de l'initié, il ouvert, piqué sur sa poitrine, servant de mise en mémoire par un affect d'un contenu signifiant l'ouverture de conscience.

Le *Rituel de Swedenborg de 1870* explique: «Ainsi, vous êtes reçu à l'occident avec les pointes d'un compas non ouvert appuyé sur le côté ouest de votre poitrine gauche. La raison morale de cette empreinte sur votre poitrine est de vous enseigner comment ressentir une première impression et comment en produire une en présence de n'importe quel autre individu».

Le symbolisme moral du compas est aussi exprimé par Bernard Palissy, dans son ouvrage *Dessein du jardin délectable:* «Le Compas disoit: Il m'appartient l'honneur [d'être premier des outils] car c'est moy qui conduis et mesure toutes choses; aussi quand on veut réprouver un homme de sa despense superflue, on l'admoneste de vivre par compas».[14] Le Compas symbolise ainsi les

---

[14] *Oeuvres complètes de Bernard Palissy / édition conforme aux textes originaux imprimés, p.92:* <tinyurl.com/chamaillerie-equerre-et-compas>.

limites que le Maçon doit s'imposer à lui-même dans ses désirs et dans sa conduite, on appelle cela la tempérance.

Le compas, après avoir été dominé par la matière, devient au cours du chemin initiatique dominant à son tour; il a les pointes découvertes et n'est plus protégé. Selon une tradition du compagnonnage, attestée par Perdiguier, le compagnon est celui qui sait manier le compas, qui a donc dépassé le stade de l'équerre et acquis la maîtrise du trait[15]. Le mouvement de l'équerre au compas est en fait la traduction du passage symbolico-cosmique de la terre au ciel ou, dit de manière plus maçonnique par le système Émulation, d'une surface horizontale à une vivante perpendiculaire.

Notons également que l'équerre, instrument du Maître de la loge, suggère l'espace, la rationalité et l'immanence, tandis que le compas, outil du Grand Architecte, évoque le temps, la spiritualité et la transcendance.

Placé sur l'autel du travail, le compas, parce que de métal, focalise les énergies de la loge vers le Vénérable qui les reçoit et les renvoie chargées de son énergie de sagesse.

---

[15] Le compas est ainsi appelé «le maître» comme dans cet extrait du *Manuscrit Dumfries* (vers 1710): 25. Reconnaîtriez-vous votre maître si vous le voyiez? –Oui. 26. De quelle façon le reconnaîtriez-vous? -À son habit. 27. Quelle est la couleur de son habit? -Jaune et bleu, ce qui signifie le compas, qui est de cuivre et les pointes de fer (p.12: <tinyurl.com/manuscrit-Dumfries>.

La Maçonnerie disséquée de Samuel Prichard (1730) en donne le même sens «- Avez-vous vu votre Maître aujourd'hui? - Oui. - Comment était-il habillé? - Avec une jaquette jaune et des culottes bleues.», sachant que la jaquette jaune est le compas et la culotte bleue sont les pointes d'acier (question 82: <docplayer.fr/196271189-La-maconnerie-dissequee.html>).

On retrouve également cette explication dans *L'Ordre des francs-maçons trahi et le secret des Mopses révélé*, 1758: < tinyurl.com/ordre-des-francs-macons-trahi>.

Dans la Franc-maçonnerie dite régulière, au premier degré le compas est toujours associé à l'équerre et au volume de la Loi Sacrée, formant ensemble les «trois grandes lumières de la Franc-maçonnerie» et dont la présence sur l'autel ou sur le plateau d'orient est une condition expresse de la régularité des loges (un *landmark*).

Au deuxième degré le compas marque symboliquement, et tout particulièrement, l'élargissement des cercles de pensée exprimant un franchissement progressif dans les degrés de la connaissance (dans certaines loges il est ouvert à 30° au premier grade, à 45° au deuxième, à 90° au troisième). L'approche ordinale des tracés des figures inscrites dans le cercle, par le compagnon franc-maçon, est une méthode visant à ce franchissement.

Dès l'époque médiévale, les artistes disposent d'un compas spécial, instrument composé de deux branches fixées entre elles vers le milieu, chacune possédant une pointe à chacune des quatre extrémités. L'astuce est que les deux branches sont fixées de manière à ce que le point de fixage se trouve sur les points de diverses proportions des branches. Ainsi, par une simple utilisation du théorème de Thalès, si on écarte deux des pointes sur un segment, les deux autres pointes correspondront au segment considéré, multiplié ou divisé par le nombre de la proportion. Herrade de Landsberg, dans son manuscrit L'***Hortus Deliciarum*** réalisée entre 1159 et 1175, montre l'allégorie de la Géométrie utilisant ce type de compas[16].

De même, Villard de Honnecourt au XIIIe siècle a figuré dans son Carnet un compas de ce type dans lequel le quart de cercle, fixé sur l'une des branches, coulisse à

---

[16] *Hortus Deliciarum*: <tinyurl.com/allegorie-geometrie>.

travers l'autre branche ce qui permet à la fois le blocage du compas sur certaines positions d'ouverture et l'utilisation de graduations marquées sur le secteur courbe pour retrouver angles et proportions.

C'est un tel compas qui apparaît sur les miniatures des Bibles moralisées médiévales du début du 13ème siècle que nous avons observées plus tôt.

On trouve cet outil au 12ème degré de Grand Maître Architecte du REAA.

Au fait, *les amateurs de compas s'appellent des circinusophiles*.

Lecteur, ne manquez pas d'écouter, le Rav Yehia qui dévoile avec humour la connaissance de soi avec un compas: *L'homme ressemble à un cercle*[17].

Le second personnage est l'Équerre

L'origine étymologique du mot vient du bas-latin *exquadrar*e, dessiner des angles droits, rendre carré, équarrir (rendre quarré). En latin classique, l'équerre se disait *norma*, d'où le mot français norme. Outil d'origine compagnonnique, l'équerre, croisée avec le compas, forme le plus connu des symboles maçonniques.

Il s'agit d'une pièce, à l'origine uniquement en bois, qui sert à tracer des angles droits ou élever des perpendiculaires. Les traces de cet outil et de sa valeur symbolique peuvent être retrouvées dans la plus haute Antiquité: sur les monuments chaldéens (4500 av JC), dans les plus anciens livres sacrés de la Chine, sur les portes des temples en Inde centrale.

---

[17] Vidéo, Rav Yehia, *L'homme ressemble à un cercle*: <tinyurl.com/l-homme-est-un-cercle>.

Les plus anciennes des équerres romanes et du premier art gothique possèdent une particularité remarquable: leurs bras sont de largeurs inégales, et, fait plus étrange encore, les bords n'en sont pas parallèles deux à deux, ils convergent et divergent, créant un angle droit interne, situé sur un axe différent de l'externe: ainsi sous l'apparence d'un seul instrument fixe, il y a deux équerres[18].

L'équerre est devenue l'outil de tout métier de construction. Marquant l'angle droit, l'équerre opérative est un outil de vérification de la taille cubique de la pierre, elle symbolise la perfection fondamentale du carré pour les bâtisseurs.

Un texte de Bernard Palissy, tiré de son *Dessein du jardin délectable* évoque d'une manière attrayante les divers outils «par lesquels on conduit la Géométrie et l'Architecture» et nous renseigne ainsi sur leurs qualités et usages respectifs: Après avoir fait parler la règle qui disait au compas: tu ne sais pas ce que tu dis; tu ne saurais rien faire qu'un rond seulement qui est le trou du cul; mais moy je conduis toutes choses directement, et du long et de travers; et en quelque sorte que ce soit je fais mon cher droit devant moi. Ainsi quand un homme est mal vivant, on dit qu'il vit desreiglement, qui est autant à dire que, sans moi il ne peut vivre droitement. Voilà pourquoy l'honneur m'appartient d'aller devant».

---

[18] Ex: *Carnets de Villard de Honnecourt*, 1220-1235, B.N., Tombe de Hue Libergier – Reims (après 1263). (cf. Alain Sené. *Un instrument de précision au service des artistes du moyen âge: l'équerre*. In: Cahiers de civilisation médiévale, 13e année (n°52), Octobre-décembre 1970. pp. 349-358: <tinyurl.com/carnets-Villard-de-Honnecourt>.

L'équerre, nommée à cette époque *Escarre* dit alors: c'est à moy à qui l'honneur appartient, car, pour un besoin, on trouvera deux reigles en moy; aussi c'est moi qui conduis les pierres angulaires et principales du coin, sans lesquelles nul bâtiment ne pourroit tenir».[19]

Et pourtant, l'équerre ne sert pas pour les tracés qui ne se font qu'avec règle et compas.

Il existe de nombreuses formes d'équerre professionnelle: équerre à épaulement; équerre d'ajusteur; équerre à chapeau; équerre optique équipée de prismes; double équerre ou té; équerre graduée; équerre de charpente dite équerre alsacienne; fausse équerre ou sauterelle; équerre à double onglet qui: permet d'obtenir directement les angles ou équerre à pans; équerre à pinule et à prisme, équerre d'arpenteur.[20]

Dans la Franc-maçonnerie spéculative, le symbole de l'équerre est attesté dès 1725.

Au niveau de la gestuelle, on trouve dans de nombreuses gestuelles la mise à l'équerre. Le signe, après la mise à l'ordre, rappelle au frère ou à la sœur l'obligation de respecter son serment pris lors de son initiation, il invite à la droiture. Par ailleurs, mettant les pieds en équerre, un frère (ou une sœur) doit toujours avoir en vue l'équité, la justice, la fidélité et l'irréprochabilité dans ses mœurs. Se mettre à l'ordre est l'incarnation même de l'équerre. En

---

[19] *Oeuvres complètes de Bernard Palissy / édition conforme aux textes originaux imprimés, p.92*: <tinyurl.com/chamaillerie-equerre-et-compas>.
[20] <tinyurl.com/equerre-d-arpenteur>.

effet le maçon se tient droit, il est en équerre par rapport au sol, ses pieds sont en équerre et son pouce forme une équerre par rapport aux autres doigts de la main. L'équerre apparaît dans les signes d'ordre qui doivent tracer l'horizontale puis la verticale, marquant ainsi l'union des complémentaires.

Elle représente l'action de l'homme sur la matière comme sur lui-même; elle est reconnue comme symbole de bonnes mœurs.

Le maniement de l'équerre permet d'approfondir les concepts de droiture, d'équité et d'équilibre. L'utilisation mentale de l'équerre permet de donner aux mots leur sens propre afin qu'ils expriment des idées précises suivant des raisonnements droits. Grâce à l'équerre, le travail des maçons, pierre qu'il est, pourra lui faire bénéficier d'une juxtaposition parfaite sans laquelle la construction du temple serait impossible pour un vivre ensemble harmonieux.

L'équerre, moyen d'établir des figures géométriques d'une parfaite rectitude, est une indication pour la vie de l'adepte; il se doit d'être d'une droiture sans faille. S'il n'a pas pour ses propres actions cette implacable exigence, il n'obtiendra rien de durable au point de vue moral et moins encore au point de vue initiatique.

Le niveau est constitué par une équerre au sommet de laquelle est suspendu un fil à plomb. Pour cette raison, l'équerre est souvent choisie comme symbole de l'équité. L'équerre qui concilie le symbolisme du niveau du premier surveillant (horizontale = égalité) et celui de la perpendiculaire du deuxième (second) surveillant (verticale = hiérarchie). Elle est donc en maçonnerie l'instrument primordial car elle dirige le dégrossissement de la pierre brute. Autrement dit, elle dirige la formation de l'individu en vue de l'exact accomplissement de sa fonction humanitaire et sociale.

Portée en bijou mobile, en particulier par le Vénérable Maître gardien de la Tradition, l'équerre symbolise le droit, la rectitude de la raison. L'équerre est considérée comme étant l'emblème de la perfection des travaux d'une loge dont le Vénérable Maître doit diriger toutes les orientations. Elle indique au maçon que s'il remplit avec exactitude tous ses devoirs, il pourra espérer parvenir à la vraie lumière.

Sur la poitrine du Vénérable Maître la branche la plus longue de l'équerre pythagoricienne se trouve du côté droit; ceci marque la prédominance de l'actif (côté droit) sur le passif (côté gauche). L'hypoténuse n'est pas matériellement représentée parce que, du fait de la mort de l'Architecte, le Temple n'est pas et ne sera jamais terminé. Une autre équerre d'origine égyptienne, construite sur le nombre d'or dans les proportions de la grande pyramide, serait un bijou plus authentique pour le vénérable.
C'est parce que son rôle est de former de parfaits maçons que le Vénérable Maître porte l'équerre, outil indispensable pour transformer la pierre brute en pierre cubique.

L'équerre forme avec le compas et le volume de la Loi Sacrée les trois grandes lumières de la Franc-maçonnerie régulière.

Remarquons que l'équerre peut symboliser le fanatisme. Le compagnon qui attaque Hiram avec l'équerre est un sectaire, il détient l'outil qui permet de vérifier l'équerrage de la pierre taillée et l'appliquer à tous, oubliant sans doute de se l'appliquer à lui-même.

Et maintenant rassemblons l'équerre et le compas dans leur relation d'union

La réunion des formes des outils équerre et compas tracent le carré dans le cercle, la matière entourée du spirituel. Les retrouvailles du corps et de l'esprit peuvent s'appuyer sur la quête de la quadrature du cercle. Les deux éléments principaux de la géométrie sacrée, le cercle et le carré, dans leur action de se subdiviser, donnent naissance aux trois racines sacrées. Les racines sont considérées comme des puissances génératives ou des puissances dynamiques à travers lesquelles des formes apparaissent et changent en d'autres formes.

On remarquera les valeurs guématriques de El Shaddaï et celle de Shaddaï, des noms du dieu des hébreux, qui recèlent chacune à leur façon l'équerre et le compas! El Shaddaï avec sa valeur de 345 (3,4,5) rappelle le théorème de Pythagore du triangle rectangle, Shadaï avec sa valeur de 314 (3,14) évoque le rapport PI du cercle avec son diamètre.

Dans la mythologie chinoise, il y a deux personnages Nüwa et son frère Fu shi, à buste humain et corps de serpents entrelacés. Ils se font face ou se tournent le dos, Fu shi tenant en main gauche l'équerre et Nuwa, en main droite, le compas; ils pourraient symboliser la création du monde». Les instruments peuvent être remplacés par la lune et le soleil, le ciel et la terre, symboles du Yin et du Yang. Yang est ce qui procède de la nature du Ciel, et yin ce qui procède de la nature de la Terre René Guénon nous signale, que les vêtements rituels des anciens souverains, en Chine, devaient être de forme ronde par le haut et carrée par le bas; le souverain représentait alors le type même de l'Homme dans son rôle cosmique, c'est-à-dire le troisième terme de la «Grande Triade», exerçant la fonction d'intermédiaire entre le Ciel et la Terre et unissant en lui les puissances de l'un et de l'autre.[21]

En Alchimie, bien avant la Franc-maçonnerie spéculative, l'équerre (la rectitude, le travail sur la matière) est associée au compas (l'esprit) comme on peut le voir sur une gravure de Basile Valentin illustrant en 1659 l'androgynie dans son traité *Azoth, ou le Moyen de faire l'Or caché des Philosophes.*[22]

Le compas est au ciel ce que l'équerre est à la terre. «Le compas, instrument majeur de la géométrie et de l'astronomie, permet de cerner les rapports entre macrocosme et microcosme et devient ainsi l'un des outils de l'adepte dans sa quête de la pierre philosophale. Faites un cercle avec la mer et la femme, puis un carré, puis un triangle, faites un cercle et vous aurez la pierre philosophale»[23].

L'équerre définit le plan géographique, le compas celui du ciel. À partir de là, **les espaces sacrés s'offrent à nous sous deux perspectives, tantôt de profil**

---

[21] René Guenon, *Le règne de la quantité et les signe des temps*, Note de bas de page 63, p.149: <tinyurl.com/regne-de-la-quantite>.

[22] *Les douze clefs de philosophie de frère Basile Valentin, p.155*: <tinyurl.com/moyen-de-faire-l-or>.

[23] Michael Maier, *Atalanta fugiens*, 1618: <tinyurl.com/Meier-Atalanta-fugiens>.

(pyramide, montagne, axis mundi, ou toute verticalité spirituelle), tantôt comme variété planaire (temple excluant l'illimité profane, lieux saints, autel, tapis de Loge, ou toute enceinte réservée). Vu en plan, l'espace sacré croît en sainteté au fur et à mesure que l'on y pénètre. Cette pénétration projette simplement la montée vers le sacré comme dans les labyrinthes des cathédrales[24].

Symbole maçonnique qui, croisé avec l'équerre, représente la Maçonnerie en général, le compas délimite le champ d'action de l'homme. Chacun de ces deux outils est muni de deux branches, celles du compas sont mobiles concrétisant l'universalité du macrocosme ainsi capables d'exprimer l'ouverture d'esprit, alors que celles de l'équerre, fixes, sont là pour appeler à la rectitude.

Dès 1700, le *Ms Dumfries N° 4* stipulait que la Maçonnerie était «un travail d'Équerre». Mais n'omettons pas non plus l'importance du Compas qui fut assimilé au Maître de la Loge dans la Maçonnerie anglaise: «Le Compas appartient au Maître» indiquait *le Prichard* de 1730. Sur les vieux tracés de loge on peut trouver soit l'équerre seule à l'orient, soit le compas à l'orient et l'équerre à l'occident. Ainsi, sur certains Tableaux de Loge (comme sur celui de Pérau 1745) l'Équerre est représentée seule sans les luminaires. Pas de présence de compas. Le compas fera son apparition ultérieurement. Comme l'Équerre est représentée

---

[24] Pour mieux comprendre cette convergence, lire Michel Serres, *Les origines de la géométrie*, entre autres p.130 et 131, éd. Champs Flammarion, 1993.

originellement à l'Orient, en opposition, le Compas sera représenté à l'Occident. D'abord séparés, en les rassemblant on obtient la configuration contemporaine

Si la *Grande Loge des Anciens* a représenté les outils du métier dispersés sur le frontispice d'*Ahiman Rezon*, le *Three Distincts Knocks* de 1760 rassemble l'équerre et le compas sur la Bible.

Newton aurait voulu «qu'au symbole du Grand Architecte cosmique, symbolisé par le compas, réponde en miroir la figure humaine du petit architecte maniant l'équerre, symbolique de la construction matérielle». Leur alliance se retrouve dans l'entrecroisement de leurs branches, ce qui donne son identité, depuis près de trois siècles, à la Franc-maçonnerie spéculative[25].

L'équerre est souvent en bois et rappelle les forces telluriques. Le compas est en métal et rappelle les forces électriques.
En général sur l'autel des serments, les pointes du compas sont dirigées vers l'occident, celles de l'équerre vers l'orient. Mais là aussi, on trouve des variantes. Au Rite émulation, contrairement au rite REAA, l'autel des serments étant placé sur le bureau du vénérable et dirigé vers le lui, équerre et compas sont positionnés vers le regard du maître de Loge.

L'équerre indique le carré, le compas indique le cercle. Ainsi, de leurs positions respectives, découlent des enseignements sur les relations de prégnance entre le matériel et le spirituel propre à chaque grade, montrant

---

[25] Selon Michel König

les influences célestes dominées d'abord par les influences terrestres, puis s'en dégageant graduellement et finissant par les dominer à leur tour.

«L'Homme est sa propre règle, il s'identifie à l'équerre. C'est pourquoi les 3 modes d'enlacement de l'équerre (image de l'Homme) et du compas (symbole du Grand Architecte) expriment la triple étape de l'identification du premier au second» (Robert Ambelain, *Symbolique maçonnique des outils, Scala Philosophorum*).

L'équerre, c'est la terre, le monde matérialisé, ce qui correspond à tout ce qui va et doit disparaître. Le compas, pour les rites déistes, représente la divinité ou le GADLU, le principe créateur universel si clairement illustré par William Blake avec la représentation gnostique de l'Ancien des jours mesurant et repoussant l'obscurité, C'est tout ce qui échappe à l'homme, comme le ciel, qui est lui imposé. L'entrelacement de ces outils au grade de compagnon, icône du degré recouvrant des valeurs humanistes et universelles, montre, cependant, l'insuffisance de sa perfection à celui qui n'a pas encore réalisé en lui l'Homme universel, but de son travail. Le compagnon doit accomplir la pierre cubique à pointe et devenir, par cela même, un compagnon fini, un maître. D'un point de vue géométrique, l'entrecroisement met l'accent sur le fait que ce sont les intersections des lignes tracées par l'usage alterné de ces deux instruments qui produisent le tracé servant de base à toute œuvre. Le compas faisant alors référence à l'unité qui contient tous les possibles et l'équerre à la réalité déterministe et duale que nous produisons.

Aux rites égyptiens, la règle est toujours associée, dans différentes positions, aux deux autres outils; ce sont les «vivants symboles» [joyaux de la Loge] comme il dit dans le contenu du serment que doit prêter l'apprenti entrant. «Et en cela, que le Grand Architecte de l'Univers me soit en aide et les vivants symboles que je touche de ma main».

Dans les anciens catéchismes maçonniques (par exemple les *Rituels du Mot de maçon*), le compas symbolisait YHVH (Éternel) qui était apparu à Jacob au sommet de l'échelle céleste (Genèse 28,13), et l'équerre symbolisait la croix de Jésus de Nazareth sur laquelle il mourut.

Au Rite Émulation. Quand vous avez été reçu apprenti, les deux pointes étaient cachées. Dans le deuxième grade, l'une était découverte. Dans celui-ci les deux sont exposées pour signifier que, dorénavant, vous êtes libre de travailler avec les deux pointes afin de compléter le cercle de vos devoirs de maçon.

Au Rite Français Traditionnel dit de Roettiers de Montaleau, le compas n'est pas lié avec l'équerre: le compas est ouvert à 90° sur le plateau du Vénérable et l'équerre est sur le coussin bleu au pied de la chaire ou s'agenouillent les impétrants. Pourtant, dans la description du tableau de Loge tel qu'il doit être tracé, Roettiers de Montaleau indique leur place respective: entre les deux colonnes ou à la hauteur de leurs chapiteaux, un compas ouvert les pointes en haut. Et au milieu de la partie supérieure du tableau, on dessinera une équerre…À l'inverse des instructions du tracé de ce tableau de Loge, notons que les pas de la marche du maître se font entre l'équerre et le compas déposés respectivement à la tête (à l'occident) et aux pieds (à l'orient) du cadavre d'Hiram.

À certains rites, l'ouverture du compas est différente selon les trois premiers degrés maçonniques comme nous l'avons précisé mais on le trouve toujours: pour l'apprenti sous l'équerre, pour le compagnon, entrecroisée avec l'équerre, pour le maître, sur l'équerre. L'ouverture du compas s'élargit avec l'ouverture d'esprit qu'acquiert le franc-maçon passant de degré en degré. Cette ouverture exprime la capacité du franc-maçon à équilibrer son matérialisme avec sa spiritualité. **En se libérant de l'équerre, le compas fait passer le franc-maçon de la matière à l'esprit tout en exprimant l'équilibre entre la matière et l'esprit.**

Entre équerre et compas, c'est là où se retrouve tout maître maçon comme il est dit dans le catéchisme de maître: Si un maître était perdu où le retrouveriez-vous? Entre l'équerre et le compas, lui étant impossible de s'en écarter, car c'est le chemin de la vertu et de la probité ou encore parce que l'un et l'autre sont les symboles de la sagesse et de la régularité. Oswald Wirth en parlant de son frère Albert Lantoine écrivait: «Albert Lantoine travaille maçonniquement, toujours muni du compas et de l'équerre. L'instrument de vérité, qui trace des cercles et mesure avec minutie, le maintient dans le domaine du strict positif et lui interdit de sacrifier au rêve des légendes. L'équerre lui prescrit, d'autre part, l'équité la plus rigoureuse: aucune partialité, ni complaisance pour les amis, ni prévention à l'égard des adversaires»[26].

On ne peut nier qu'il existe un conflit entre le sacré et le profane dans les approches initiatiques. L'homme

---

[26] *Lettre au souverain pontife* par Albert Lantoine; préface par Oswald Wirth: <tinyurl.com/lettre-au-souverain-pontife>.

accompli est au milieu. Il serait dangereux de tout vouloir sacraliser, l'histoire des religions en livre de tristes exemples. Mais aller jusqu'au bout du profane est une autre forme de totalitarisme, alors le sacré revient de manière destructrice par des manifestations d'intégrisme. C'est pourquoi l'homme, et le franc-maçon, tout particulièrement, doit être au milieu du profane et du sacré, au centre du conflit sacré-profane, il doit réussir une alliance d'univers et une alliance d'humanité dans ce que Mircea Eliade appelle une kratophanie et que les francs-maçons appellent entre-équerre-et-compas.

À remarquer qu'un compas peut remplacer une équerre pour le tracé d'un angle droit, une équerre ne tracera jamais un cercle.

3 LE G N'EST PAS QU'UNE LETTRE, ALORS QUE RACONTE-T-IL?

La lettre G, que les historiens de l'Art Royal voient apparaître au centre de l'étoile flamboyante à partir de 1737, à l'époque des Lumières, va devenir, en tant qu'élément archétypal du Temple à rebâtir, l'icône de la pensée symbolique, *langage muet pour mieux marquer les consciences concernées par la conception spiritualiste de la tradition primordiale.*

Déjà au début du XVIIIème siècle, on interrogeait le mystère de la lettre G que l'on trouvait en loge. Une coupure de presse, datée à la main de 1726, s'avère être une convocation adressée «à tous les maçons qui ont été reçus à la manière Antédiluvienne», elle annonce «plusieurs planches sur l'Ancienne Maçonnerie, particulièrement sur **la signification de la lettre G…**»[27]

Nous aussi, nous allons en chercher la signification.

---

[27] Louis Trébuchet, p.10/14: <tinyurl.com/antediluviens-et-modernes>.

Et tout d'abord, où trouve-t-on cette fameuse lettre **«G»en Loge?**

Le G est mentionné dans l'ouvrage de Samuel Prichard, *Masonry dissected*, publié en 1730 (œuvre d'un anti-Maçon, mais qui, de l'avis général, contient un bon nombre de renseignements précieux pour la connaissance des années qui suivirent la révolution» opérée par Anderson). «Au milieu du Temple de Salomon il y a un G, – Lettre belle à voir et à lire pour tous; – Mais il est donné à un petit nombre de comprendre.

Le Dialogue entre Simon, maçon de la ville, et Philip, maçon passant sur une illustration représentant la disposition de La nouvelle Loge sous le Règlement de Désaguliers, montre la lettre G au centre du Soleil[28]

Dans le *Manuscrit Wilkinson* de 1727 on lit: – Q: Qu'y a-t-il au centre de votre Loge? – R: La lettre G. (p.4/7). Le Règlement Général de la Maçonnerie Écossaise de 1805, précise: «L'Orient sera décoré d'un soleil, d'une lune entourée d'étoiles et une étoile flamboyante avec la lettre connue des Maçons»[29]

En fait, la position de cette lettre varie dans l'espace de la Loge. Ainsi Harry Carr explique[30]: «La lettre G doit-elle être «lisible» de l'est ou de l'ouest? R. Je soutiens que dans les Loges où le G est affiché, il devrait être l'un des

---

[28] Dialogue entre Simon et Philip, Vers 1725, p.7 et p.23/324: <tinyurl.com/dialogue-Simon-et-Philip>.

[29] < tinyurl.com/le-manuscrit-Wilkinson>.

[30] Harry Carr, *The Freemason at Work* para.75, p.157: <tinyurl.com/place-du-G-en-loge>.

éléments les plus importants vus en entrant dans la Loge, et il devrait donc être lisible de l'Ouest. Les références les plus anciennes à sa position suggèrent toutes qu'elle était «au centre».

Au début des années 1700, il se trouvait généralement sur le sol au milieu d'un tableau à tracer, soit dessiné à la craie, soit disposé en gabarits. Dans de tels cas, il aurait certainement été posé sur le sol de manière à être lisible de l'Ouest. Il faut peut-être ajouter qu'il n'y a pas d'uniformité de pratique quant à l'usage du G, ou de l'«étoile Flamboyante» (avec ou sans le G en son centre), qui a la même signification. De nombreux temples ne l'ont pas du tout. Dans les provinces anglaises, il est généralement suspendu au plafond au centre de la loge, disposé de manière à être vu de l'ouest. Dans de nombreuses juridictions américaines et assez souvent en Angleterre, il est affiché à l'Est, au-dessus de la chaise du maître. C'est peut-être le guide le plus sûr quant à la façon dont il doit être placé, car, dans cette position, il ne peut être lu que de l'Occident. Néanmoins, il existe certaines juridictions européennes dans lesquelles le G apparaît en haut du mur ouest de la Loge».

Selon l'*Encyclopédie Maçonnique de Coil*, la lettre G placée au centre de l'Équerre et du Compas apparait pour la première fois sur un sceau de la Loge d'Aberdeen en 1762. Cependant, il semble aussi que cet emblème ait été en utilisation dans la maçonnerie continentale avant 1760.

En effet, en 1744 le G apparaît dans le travail de Louis Travenol, *Le nouveau catéchisme des francs-maçons...*, qui décrit les rituels et symboles des deux premiers degrés;

sur un dessin combiné des tapis de loge d'apprenti et de compagnon on peut voir la lettre G bien visible[31].

Placée au centre de l'étoile flamboyante, cette lettre «*G*», comme une invitation à ajouter les caractères qui manquent pour former une manière et une matière à penser, a été considérée comme:

1. L'initiale d'un mot à trouver.

~   La tradition anglaise, dite ancienne, la complète pour en faire God, c'est-à-dire **Dieu**.   L'une des étymologies du mot Dieu montre le mot dérivé d'un vieux persan et mystique *goda*. Cela signifie «lui-même», ou quelque chose d'auto-émanant de l'absolu. La racine du mot était *godan* - *d'où* Wodan, Woden et Odin. Le radical oriental ayant été laissé presque inaltéré par les races germaniques, c'est ainsi qu'ils en firent *gott*, d'où l'adjectif gut «bon», ainsi que le terme *gotz*, ou idole[32].

La lettre G majuscule fut introduite dans les rituels britanniques pour symboliser le nom de God entre 1737 et 1747. L'habitude de faire de la lettre G l'initiale du mot God vient des divulgations françaises du XVIII° siècle. Par la suite elle fut insérée dans l'étoile flamboyante probablement en Allemagne. Ce monogramme, exprimant l'être incréé, est aussi l'initiale de son nom prononcé: en Syrien, Gad, en suédois, Gud, en allemand,

---

[31] *Nouveau catéchisme des francs-maçons , contenant tous les mystères de la maçonnerie*, Plan de la Loge d'apprenti: <tinyurl.com/la-lettre-G-bien-visible>.
[32] Blavatsky, *The Roots of Ritualism in Church and Masonry*.

Gutt, en persan Goda, dérivant du pronom absolu signifiant lui-même.

~   C'est «**Giblim**» (Gibelin) avant «Géométrie», qu'on retrouve dans le Stanley de 1713. À chaque fois que la lettre G apparaît à cette époque, on doit d'abord soupçonner que c'est Ghiblim qu'il faut lire, présenté comme étant Excellents maçons, tailleurs de pierre ou sculpteurs originaires de Gebal, ville côtière de Phénicie qu'on appela plus tard Byblos, et qui participèrent à la construction du Temple[33].

~   La tradition maçonnique française considère «G» comme l'initiale de géométrie, cinquième des sciences dans la nomenclature traditionnelle, ce qui introduit le nombre du grade, 5, qui est le nombre du compagnon et semble, de fait, en adéquation avec le rituel du deuxième degré. L'ensemble, étoile et Lettre G signifiant géométrie est mentionné dans le *Masonry Dissected* de Samuel Pritchard (1730). On peut également lire dans le catéchisme maçonnique de 1740 du Dialogue entre Simon et Philip, évoqué peu avant «- Phil: Pourquoi as-tu été fait maçon? - Sim: Pour l'amour de la Lettre G. - Phil: Qu'est-ce que cela signifie? Sim: Géométrie — Phil: Pourquoi la géométrie? - Sim: Parce que c'est la Racine et le fondement de tous les Arts et Sciences».

~   **La «pantamanie» ouvre une énumération possible de cinq mots commençant par G.**

---

[33] Voir le livret *Luminecence des paroles et des silences* de la Collection Vagabondages maçonniques, au chapitre *Mots de passe.*

Flamboiement des symboles maçonniques

Concernant les cinq mots retenus, Plantagenet dit: «En donnant la quintuple définition de Géométrie, Gravitation (la lettre G est le symbole mathématique des équations de la physique, c'est la constante de gravitation), Génération, Génie et Gnose à la lettre G, il semble que la formule la plus propre à lui rendre sa valeur initiatique a été trouvée: «Elle pourrait admirablement compléter l'enseignement qui se dégage pour le néophyte des cinq voyages, car si ceux-ci lui ont appris comment le compagnon doit travailler, les cinq valeurs de la lettre G lui indiquent à quoi il doit s'attacher dans son travail». À la méthode intellectuelle, objective, s'ajoute aussi la méthode spirituelle, subjective; la première fournit au compagnon les moyens d'avancer, la seconde lui indique la direction qu'il doit suivre.

~ Le G indiquerait un mot hébraïque. Tous les Maîtres Installés connaissent ce mot, et un bon nombre de Maçons français, bien que n'étant pas Maîtres Installés, le connaissent aussi à un autre titre. Ce mot évoque à la fois la construction en pierre et en bois, la vie agitée de Dante Alighieri, le symbolisme du triangle, le don des langues, la tradition phénicienne, la tradition égyptienne, une certaine chasse au sanglier, le symbolisme du deuil et du veuvage, la navigation de l'arche, le rassemblement de ce qui est épars, et bien d'autres choses encore.

~ Au 4ème degré du REAA, Maître Secret, Il est dit que Salomon à assigner à cette lettre trois significations: Gloire, Grandeur, Gomel (Gloire pour Dieu, Grandeur désignant l'Homme, émanation de la divinité et Gomel, les devoirs de l'Homme envers la divinité.) [34]

~ Au grade philosophique, 5ᵉ et dernier degré du Rite Français, il est expliqué: «Les Jésuites, en s'emparant, en 1646, à Londres, des rituels d'Aschmole, ont substitué à l'iod hébraïque, *principe universel,* devenu le hiéroglyphe naturel de *l'unité de Dieu,* l'initiale du mot *Général* (de leur ordre, le représentant de Dieu), la lettre G, qu'aux *Trinosophes,* en 1816, nous avons interprétée par Génération; nous ne pouvions pas, dans ce nouveau grade, purgé de tout emblème templier, faire usage d'une lettre introduite par les Jésuites»[35]

~ La lettre «G» serait l'initiale du mot Graal, et serait un symbole alchimique; théorie défendue particulièrement par Jules Boucher. Alors que pour l'alchimiste Fulcanelli la lettre G serait l'initiale du nom vulgaire du Sujet des sages, figurée au milieu d'une étoile radiante. Ce serait la matière de départ du Grand Œuvre, la Galène ou sulfure de plomb.

~ Pour faire comprendre la réaction spirituelle que la sexualité produit chez la femme, on a représenté l'esprit par une étoile, l'Étoile flamboyante, au milieu de laquelle se trouve la lettre G (ghimel en hébreu). Cette lettre est, la première du mot qui indique le sexe féminin dans une multitude de langues. Cette lettre, suivant les idiomes différents, est C, G, K, Q, X. Dans les Mystères

---

[34]: Cours complet de Maçonnerie ou Histoire générale de l'Initiation: depuis son origine jusqu'à son institution en France, par le docteur Pierre-Gérard Vassal p. 259: < tinyurl.com/cours-complet-de-maconnerie>.

[35] <tinyurl.com/jesuites-et-la-lettre-G>.

antiques, on expliquait pourquoi elle est la super-âme, l'un suprême appelé Guhya, ou secret. On trouve en hébreu le mot ghilloulim, et en latin Guttin, vase à boire[36]

~ Dans *Pantagruel*, l'œuvre de Rabelais, on trouve les personnages de Grand Gousier, Gargamel, Gargantua... où l'initiale G représente la recherche intérieure en langue des oiseaux.

~ Jean-Marie Ragon fait remarquer que G est aussi l'initiale de Guianès ou Gantiès, dieu des nombres et patron des écoles et des sociétés savantes chez les Brames. Gannès portait des clés, parce que la connaissance des nombres était la clé de bien des mystères.[37]

~ Dans une approche chevaleresque, le G serait l'initiale du parti impérial, les «Gibelins» qui s'opposaient aux «Guelfs»[38]. Ces vocables font leur apparition, *a posteriori*, dans les années 1240, dans la cité de Florence, avant de se diffuser dans toute la Toscane. Le terme «guelfe» est une francisation du nom italien «*Guelfo*» (pl. «*Guelfi*») qui provient lui-même du nom de la dynastie des «Welf» – nom-emblème de la famille d'Otton IV – et désigne la faction qui soutient la papauté.

---

[36] Céline Renooz: <tinyurl.com/le-G-et-le-le-feminin>.

[37] Ragon, *Cours philosophique et interprétatif des initiations anciennes et modernes*, p.130: <tinyurl.com/G-et-lettre-hebraique>.

[38] *Cahiers verts, Une chevalerie pour l'an 2000*, p.65: <tinyurl.com/les-guelfs>.

2. La traduction d'une lettre ancienne

L'herméneutique devant se déplacer sur la lettre ancienne elle-même, d'autres alphabets pourraient expliquer le G.

~   La lettre «G» ne serait que le *Gamma* Grec Γ majuscule qui a la forme d'une équerre. Il est dit dans le rituel d'augmentation de salaire du Rite Initiatique Traditionnel Ecossais: *Vénérable Maître: Mon Frère Passé Maître, Qu'y a-t-il au centre de l'Etoile Flamboyante? Passé Maître: Le Gamma de Pythagore, Vénérable Maître. Vénérable Maître: Que signifie-t-il? Passé Maître: Il incarne l'angle secret du monde transmis par l'équerre du Vénérable Maître.* À ce sujet voici l'argumentaire d'Edouard de Ribaucourt: «Ce furent nos ancêtres, les francs-maçons de métier, constructeurs d'églises, plus soucieux de la forme que du fond, qui adaptèrent leur symbole, l'équerre, à leurs mystères et substituèrent le symbole géométrique de l'équerre au symbole antique de la lettre Gamma».

~   Le gamma minuscule donne trois points qui suffisent pour déterminer complètement l'étoile.

~   Le   pentagone est inscrit dans un cercle; en dessinant les rayons des 2 extrémités d'un côté et du sommet opposé on obtient un gamma grec minuscule, esprit de l'étoile. Le gamma est l'angle secret placé au cœur de l'étoile à cinq branches.

~   La lettre «*G*» remplacerait la troisième lettre de l'alphabet Hébraïque le «*Guimel*». D'après cette théorie, ce signe se rapporte à un principe ou à une puissance de coagulation, de condensation, de compression: «*Guimel* est spécifiquement le symbole de la coagulation».

~   L'origine de cette lettre serait la forme du long cou d'un chameau (*gamal* גמל qui signifie aussi «faire du bien ou du mal»), ou celle d'un serpent dressé. La lettre hébreu est associée au troisième nom divin sacré, *Ghadol* ou *Magnus* (grand).

~   Elle représente le tétragramme et la tétraktys, de là découle son caractère sacré.

3. Un graphisme pur.

~   La signification première serait une autofécondation de l'être par lui-même: la matrice **C**, inséminée par la barre transversale devenue **G,** apparaît comme liée à l'idée de germination de l'humain.

~   On peut y voir **la relation entre le rayon du cercle et sa circonférence, c'est-à-dire le nombre Pi,** ce transcendant à la base de la géométrie.

~   Ligou, dans son *dictionnaire de la Franc-maçonnerie* écrit: «On a remarqué que G est très proche de la spirale. Or il y a une corrélation directe entre le pentagramme, le nombre d'or, les logarithmes népériens et la construction de la spirale... il y a un éclairage réciproque avec une réponse d'une ancienne instruction: Pourquoi vous êtes-vous fait recevoir Compagnon? Pour connaître la lettre G».

~   Pour Nagrodski: «La lettre G, placée au centre de l'étoile flamboyante des francs-maçons, n'est qu'un signe représentant le «nœud», signe destiné à souligner ou à montrer du doigt le tracé géométrique de la section dorée».

~ Oswald Wirth constate une anomalie intéressante symboliquement, et de là sa théorie: «La lettre G est la troisième des plus anciens alphabets; elle eut primitivement la forme d'une équerre. En sa forme latine, elle rattache à l'équerre une [demi] circonférence ouverte. L'idéogramme alchimique du Sel devient G, s'il est tracé d'un seul trait, sans contacts aux extrémités». Pour Oswald Wirth le sel signifie la sagesse qui conçoit.

~ On peut ajouter, que cette forme est le rappel de la raison du côté de l'ennéagone à partir duquel est possible de tracer l'angle à 1 degré.

~ On peut imaginer la lettre comme une enveloppe noire creuse qui s'entoure d'un blanc lumineux dans lequel viennent se poser des signes de lumière. «C'est grâce à l'enveloppe noire des traits de la lettre que la lumière peut se révéler; sinon nous ne saurions la percevoir».

~ La forme de la lettre G est comme une spirale tournée vers l'intérieur et rappellerait l'injonction du mot VITRIOL.

4. Une carte du ciel

~ Durant l'hiver, la première partie de nuit permet de voir passer au-dessus de l'horizon sud un bel ensemble d'étoiles brillantes appartenant à différentes constellations (Taureau, Cocher, Gémeaux, Petit chien, Grand chien, Orion). Les étoiles en rapport à la mythologie sont au nombre de neuf et leur disposition fait penser à la lettre G, les astronomes ont nommé cette formation le grand G de l'hiver[39]

~　　　Est-ce sur cette base que René Guénon écrit dans *Symboles fondamentaux de la science sacrée*: «Il est bon de noter que la partie recourbée des branches de la swastika est considérée ici comme représentant la Grande Ourse, vue dans quatre positions différentes au cours de sa révolution autour de l'Étoile polaire à laquelle correspond naturellement le centre où s'unissent les quatre gammas, et que ces quatre positions sont mises en relation avec les quatre points cardinaux et les quatre saisons; on sait quelle est l'importance de la Grande Ourse dans toutes les traditions où intervient le symbolisme polaire».[40]

---

[39] *Randonnées célestes*: <tinyurl.com/Le-grand-G-du-ciel>.
[40] Chapitre *La lettre G et le swastika* p. 119 du livre *Symboles fondamentaux de la science sacrée* de René Guénon: <tinyurl.com/lettre-G-et-svastika>.

4 LA GRENADE, UN FRUIT DIVIN EN FRANC-MAÇONNERIE?

«Les grenades représentent les plus hauts mystères de Dieu, ses plus profonds jugements et ses plus sublimes grandeurs. Les grains de la grenade sont le symbole des effets innombrables des perfections divines. Leur figure ronde exprime l'éternité de Dieu, qui n'a, comme le cercle, ni commencement, ni fin. Le jus de la grenade signifie la jouissance que l'âme a, par sa connaissance et par son Amour, de la nature et des attributs de Dieu»[41]

La grenade est **un fruit du bassin méditerranéen** qui peut pousser à l'état sauvage et qui ne demande pas de soins spéciaux[42].

La première mention de ce fruit, en ancien français, est faite sous le nom de *pume grenate* (pomme à grain) par Chrétien de Troyes. L'anglais en a retenu un sens

---

[41] Commentaire du 37ème cantique par Jean de la Croix: « Et incontinent nous irons ensemble Aux sublimes cavernes de la pierre, Qui sont fort cachées, Et nous entrerons là, Et nous y goûterons le jus des grenades.»

[42] Vidéo: <tinyurl.com/la-culture-de-la-grenade>.

semblable avec le mot *pomegranate*. Vantée par Pline, qui la nomme pomme de Carthage, la grenade apparaît déjà dans des mythologies plus anciennes.

La grenade est symbole de vie et de fertilité. Sur le mont Cassius, entre Canaan et l'Égypte, il y avait un temple dans lequel l'image de Jupiter tenait une grenade à la main révélant un grand nombre de graines. Comme Junon était également porteuse de grenade, pour les Romains, cela signifiait que «Jupiter et Junon étaient les parents d'un grand nombre d'enfants et de familles qui devinrent bientôt des nations»[43].

Le pouvoir de fécondité de la grenade est tel que dans le mythe d'Agdistis, il suffit qu'une jeune fille, Nana fille du fille du dieu-fleuve Sangarios, la touche pour se retrouver enceinte; Attis en naîtra. Ce mythe, par ailleurs, met en évidence l'ambivalence du symbolisme de la grenade, sa couleur rouge ne manquant pas d'évoquer le sang. Ainsi, les pépins de la grenade ont germé du sang versé de Dionysos [lors de sa dévoration par les Titans], explique Clément d'Alexandrie, comme l'arbre [le grenadier] a jailli du sol fécondé par le sang d'Agdistis [lors de sa castration]. Mackey reprend cette version au mot *pomegranate*.[44]

En lien avec son premier sens symbolique de fertilité, la grenade symbolise aussi le **processus de résurrection, comme le printemps qui succède à l'hiver**. Les Égyptiens faisaient déjà ce lien: des grenades ont été

---

[43] Gravure de Junon à la grenade: <tinyurl.com/jupiter-junon-et-la-grenade>.

[44] <tinyurl.com/mackey-pomegranate>.

retrouvées dans la sépulture du pharaon Toutankhamon, comme dans de nombreuses autres sépultures, où elles pourraient avoir été placées comme viatiques pour le voyage dans l'au-delà. Le grenadier serait l'arbre qui aurait poussé du sang versé par Dionysos au moment de son assassinat.

La grenade est **le fruit qu'offre Paris à Aphrodite** pour la désigner comme la plus belle des déesses, frustrant Héra et Athéna qui, pour se venger, provoqueront la guerre de Troyes.

Dans la Bible[45], la grenade passe pour un des 7 fruits importants qui étaient une bénédiction pour la Terre

---

[45] *La prescription de faire le costume sacré du grand prêtre:*
Exode 28, 33 Tu adapteras au bord, tout autour du bord, des **grenades d'azur**, de pourpre et d'écarlate et des clochettes d'or entremêlées, tout à l'entour. 34 Une clochette d'or, puis une grenade; une clochette d'or, puis une grenade, au bas de la robe, à l'entour.
- La réalisation du costume
Exode 39, 24 On disposa, au bas de la robe, des grenades d'azur, de pourpre et d'écarlate, à brins retors; 25 et l'on fit des clochettes d'or pur et l'on **entremêla les clochettes aux grenades**, au bas de la robe, tout autour, entre les grenades
- Descriptions des chapiteaux
I Rois7,20 Aux chapiteaux des deux colonnes, par en haut, près du renflement correspondant aux entrelacs, étaient **deux cents grenades** en deux rangées, entourant aussi le second chapiteau.
II Chroniques 3,16 Il fit des festons en forme de chaînes et les posa sur le sommet des colonnes; il fit **cent grenades** et les entrelaça dans les festons.
II Chroniques 4,13 les **quatre cents grenades** pour ces deux entrelacs, deux rangs de grenades pour chaque entrelacs, qui enveloppaient les deux chapiteaux arrondis des colonnes (par Houram)

Promise d'Israël. Les explorateurs, envoyés par Moïse en Terre sainte, rapporteront des grenades, preuve d'abondance. Le fruit est également l'une des sept espèces associées à la terre d'Israël. *Un pays qui produit le blé, l'orge, le raisin, la figue et la grenade, un pays d'olive oléagineuse et de miel.* (Deutéronome;8,8).

Les chapiteaux en minerais des 2 colonnes Jakin et Boaz, devant le temple de Salomon, étaient décorés de deux rangées de grenades.

Ce fruit ornait également le bas de la tunique du Grand prêtre Aaron qu'il revêtait avant d'entrer dans le sanctuaire; les 72 pommes de grenades brodées étaient alternées avec des clochettes. Il est dit que *Rimon* [grenade] vient du mot *Romemout* [magnificence], qui est le sens d'au-dessus de la raison. Sa racine (RM מ ר) indique: «*tout ce qui se porte vers le haut, s'élève, se dilate, monte, se projette, s'élance, pullule, suit un mouvement de progression d'ascension*» lui donnant un sens mystique[46].

La couronne de la grenade, corolle de sa fleur (le sépale protégeant les étamines) a 6 pétales; elle aurait inspiré le roi David pour son bouclier et donner la forme du sceau du Roi Salomon.

La pensée juive du nombre de grains – car vérifiée par comptage des grains- identifie le fruit mangé par Adam à la grenade dont les 613 grains rouges correspondant aux

---

Lors de la destruction du temple par Nabuchodonosor
Jérémie 52,23 Les **grenades** qui apparaissaient sur le côté étaient au nombre de *quatre-vingt seize*; en réalité, le total des grenades qui entouraient le treillage s'élevait à cent.

[46] Fabre d'Olivet, *La langue hébraïque restituée et le véritable sens des mots hébreux rétabli et prouvé par leur analyse radicale*: <tinyurl.com/la-langue-hebraique-restituee>.

613 mizvot (devoirs ou bonnes actions) qui ouvrent le seuil de la sagesse, c'est-à-dire élever la conscience depuis la matière. Il est dit lors de la prière de cette fête: *«puissions-nous être aussi remplis de Mizvot qu'une grenade est pleine de grains. Car ce qu'Ève tend à Adam, c'est le savoir».* En Hébreu, le mot (אֵיבָר), de valeur 613, signifie à la fois *organe*, membre et *article*. De là le rapprochement entre les *articles* des commandements et les *membres* du corps. Il y a 248 *membres* (commandements positifs) et 365 *nerfs* (commandements négatifs). Ces derniers sont également mis en rapport avec les 365 jours de l'année. C'est aussi pour cela qu'elle est consommée le jour de l'an juif, douceur pour chaque jour de l'année.

Dans la symbolique chrétienne, la grenade représente **l'église comme** *ecclesia*, comme communauté des croyants. Elle évoque aussi **le sang du Christ**. Ainsi, Saint-Jean de la Croix associe la suavité du jus de la grenade à la jouissance de l'âme lorsqu'elle possède la connaissance de la nature divine qui, pour les croyants, est également symbolisée par le trinitaire Delta lumineux lui faisant écho à l'orient.

Les grains de la grenade symbolisent **les larmes du Prophète** lors de la mort de son petit-fils à Kerbala; le Coran classe la grenade au même titre que la datte et le raisin parmi les dons de la terre nourricière. Dans la mystique musulmane, elle symbolise le jardin de l'essence, la multiplicité dans l'unité, la station de l'union et la conscience de l'essence. «La lumière d'Allah est dans quiconque mange une grenade».

En Franc-maçonnerie, on ne peut manquer de remarquer des grenades sur les colonnes à l'entrée de ses temples.
Sur les colonnes maçonniques, les grenades sont entrouvertes, laissant voir leur chair. Cela est à rapprocher de la signification de la nudité de Noé endormi par l'ivresse: la connaissance spirituelle devant laquelle recule ou se dérobe son fils, celui qui, trop jeune, n'est pas prêt à recevoir l'initiation.

Pour Jules Boucher: «L'écorce et la racine du grenadier étant toxique, la grenade nous montre les francs-maçons, issus d'un monde mauvais par essence, et cherchant à s'élever à un état de perfection». La grenade serait la loge à couvert, protégée des nuisances profanes extérieures.

Dans le Dictionnaire Ligou il est écrit: «Isolés dans une house fragile, mais pullulant dans l'enceinte des cités, les hommes sont comme les grains de la grenade, source jaillissante de vie et centre secret des réalités éternelles. Même si le passé dont ils émergent est toxique comme les racines du grenadier».

En Franc-maçonnerie, les fruits, les fleurs qui expriment la multitude (grenade, épis de blé, mimosa…) témoignent pour la communauté fraternelle avec, en corollaire, la Tolérance qui permet, seule, la cohésion de plusieurs pluralités voisinant dans la même unité. Oswald Wirth écrit à propos des grenades: «…*ces fruits aux grains symétriquement rangés rappellent la famille maçonnique dont tous les membres sont harmonieusement reliés par l'esprit d'ordre et de Fraternité*»[47].

Certains tapis de Loge du Rite émulation ne représentent pas des grenades sur le chapiteau des colonnes mais des globes qui les surmontent[48]. Ordinairement de même volume, ils sont pourtant différents. L'un est une sphère céleste, l'autre un globe terrestre.

---

[47] Voir les articles *Les grenades, un symbole maçonnique*: <tinyurl.com/grenade-symbole-maconnique> et Stéphane Korsia-Meffre, *La grenade, un symbole doux-amer*, dans la Revue La chaîne d'union.

[48] Philippe Langlet, *Images et rituel*: <tinyurl.com/grenades-ou-globes>.

Flamboiement des symboles maçonniques

5 LES FRONTISPICES DES CONSTITUTIONS MAÇONNIQUES

Un frontispice est par excellence la page annonciatrice d'un ouvrage.

Les illustrations des frontispices de différentes éditions des Constitution maçonniques n'ont pas manqué leur visée de saisir l'essence de la Franc-maçonnerie, de transmettre visuellement ses principes. Aux côtés des représentations allégoriques de vertus, on trouve parfois des personnages maçonniques importants, ceux du passé mythiques de la FM, comme ceux contemporains de leur publication. Et maintenant je vous propose d'en visiter leur galerie[49].

Commençons par la Constitution de 1723.

La Constitution dite d'Anderson publiée, à Londres, en 1723, a pour sa première édition le titre: LA

---

[49] Pour apprécier les représentations qui ne sont pas reproduites ici, prenez le temps de retrouver les gravures grâce aux liens référencés en bas de page.

CONSTITUTION, L'Histoire, les Lois, Charges, Ordres, Règlements, et Usages, de la Très Vénérable FRATERNITÉ des Francs-Maçons Acceptés; d'après leurs ARCHIVES générales, et leurs Fidèles TRADITIONS de nombreux Siècles. POUR ÊTRE LU Lors de l'Admission d'un NOUVEAU FRÈRE, quand le Vénérable ou le Surveillant commencera, ou ordonnera à quelque autre Frère de lire ce qui suit. C'est la seule édition où le mot «Constitution» est au singulier.

À noter que le nom du pasteur Anderson n'apparaît ni dans la signature du texte, ni sur le frontispice de ladite Constitution. Pourquoi la lui attribuer? Anderson a affirmé qu'il s'agissait d'une commission personnelle du duc de Montagu. Il a également affirmé qu'il était à l'époque nommé directeur de la Grande Loge. Cependant, Anderson a personnellement falsifié les procès-verbaux de la Grande Loge pour étayer sa prétention d'être directeur et il n'a probablement jamais été nommé directeur. En fait, il semble probable qu'Anderson n'était même pas maçon au moment où il fut chargé de réviser les Constitutions[50].
Alors ne faudrait-il pas mieux les évoquer sous le nom de «Constitutions **dites** d'Anderson»?
Prenez le temps de faire connaissance avec ce personnage controversé en regardant le documentaire *Anderson le précurseur*[51].

Le graveur du frontispice de l'édition de 1723 est le franc-maçon John Pine dont un portrait fut peint par William Hogarth

---

[50] <tinyurl.com/genese-constitution-de-1723>.
[51] Vidéo: <tinyurl.com/Anderson-le-precurseur>.

Les deux coéditeurs, John Senex et John Hooke, et l'imprimeur, William Hunter, sont également tous francs-maçons.

Examen de la fameuse gravure de l'édition de 1723[52].
La scène représente John, 2ème duc de Montagu, Grand Maître de la Première Grande Loge, remettant une copie des Constitutions et un compas à son successeur, Philip, duc de Wharton.

Si l'on est sûr de l'identité des deux Ducs et de Jean-Théophile Desaguliers sur la gravure, les autres personnages prêtent à **supposition.**

Une hypothèse défendue par Michel König
Sur la droite aux côtés de Désaguliers seraient représentés les anciens Grands Maîtres Anthony Sayer et Georges Payne de la Grande Loge de Londres et de Westminster depuis sa création en 1717.
Sur la gauche, en plaçant Newton derrière le Duc de Montagu, ce serait un hommage rendu à son influence indéniable sur la philosophie des Lumières portée par la nouvelle Franc-maçonnerie. Comme Newton ne fut jamais franc-maçon voyons une autre hypothèse.

Une autre hypothèse: L'homme qui se tiendrait derrière le Duc de Montagu sur le frontispice des Constitutions de 1723 n'est autre que l'architecte de la cathédrale Saint-Paul, intendant du Roi, Sir Christopher Wren. C'est le seul homme à la croisée de trois cercles: la Royal Society,

---

52 *Le frontispice des Constitutions d'Anderson*: <tinyurl.com/frontispice-1723>.

la worshipful company des maçons opératifs et la Franc-maçonnerie spéculative. En effet en comparant, outre le port de la perruque, le vêtement de Wren sur son portrait[53] et sur le frontispice, il y a grande similitude. Cette hypothèse n'est pas retenue par la GLUA.

Une hypothèse défendue par Étienne Hermant la plus vraisemblable

À partir d'une peinture murale de 1929[54], commande de la Grande Loge du Québec pour la Salle commémorative du Temple de Montréal (appartenant à un groupe de 6 peintures retraçant l'historique de la Grande Loge), et des analyses faites à cette occasion, les personnages, malgré des visages de frères de l'Obédience incorporés, représentent très explicitement: John, duc de Montagu, Grand Maître des maçons en Angleterre en 1721, arborant l'ordre de la jarretière, remettant à son successeur Philip, le duc de Wharton, un rouleau des Constitutions. Derrière chaque Grand Maître se trouvent ses officiers: d'un côté à gauche, le docteur John Beal, Grand Maître adjoint, Josias Villeneau et Thomas Morris, les Grands Surveillants; de l'autre côté à droite, le docteur Jean Théophile Desaguliers, Grand Maître adjoint, Joshua Timson et William Hawkins, les Grands Surveillants.

Outre les personnages, ce frontispice présente un décor architecturé imprégné de son temps, il est une

---

[53] Portait de sir Christopher Wren: <tinyurl.com/portrait-Wren>.

[54] Peinture réalisée par les frères Adam Sheriff-Scott RCA. de Zetland Lodgen ° 12, et le frère Charles W. Kelsey, de la Loge Mont-Royal n ° 32, appartenant à un groupe de 6 peintures retraçant l'historique de la Grande Loge, image 50/56: <tinyurl.com/frontispice-Montreal>.

réadaptation du style antique. Il décline notamment les cinq ordres d'architecture en une perspective théâtrale renforcée par le jeu de dallage convergeant vers une arcature toscane ouvrant sur des lointains. La voie indiquée ressemble à l'ouverture de la mer des joncs pour laisser passer les hébreux vers la terre promise tel que décrite dans *Exode*, chapitre 14, versets 15-31. Plus prosaïquement, ce ne serait qu'un un chemin bordé de haies!

Dans les cieux aux nuées tourbillonnantes, émerge, dans son char, un Apollon victorieux, symbole de lumière, évoquant la statuaire versaillaise.

On ne manquera pas de remarquer que ***le théorème de Pythagore est figuré au premier plan*** sous la forme de la démonstration d'Euclide (IVe siècle av. JC.). Avec sa 47ème proposition, sous un **aspect géométrique,** est exprimée une égalité de **surfaces** et non de **calcul.** En effet, il y est dit: «Dans les triangles rectangles, **la figure** construite sur le côté qui sous-tend l'angle droit, est égale aux figures semblables et semblablement décrites sur les côtés qui comprennent l'angle droit».

Sous le schéma, on peut lire le mot **EURÈKHA** écrit en grec ευρηχα
Selon Vitruve, c'est Archimède qui aurait prononcé cette expression, en attestant, par ses expériences, la composition en or de la couronne du roi Hiéron par la mesure de la masse volumique d'eau déplacé par celle-ci.
C'est une expression jubilatoire d'avoir trouvé une solution scientifique aux mystères du monde.
La place de ce schéma sur la gravure, au premier plan, annonce la volonté de la nouvelle Constitution de

s'inscrire dans le mouvement des Lumières. L'influence de Newton et des savants de la Royal Society est avérée: exclusion des questions politiques et religieuses, recherche d'un accord sur une religion et une morale naturelles et universelles, tolérance limitée par l'exclusion du libertinage et de l'athéisme, volonté de contribuer au bien commun et à la paix civile, et surtout valorisation des savoirs, des sciences en particulier.

Le dessin pourrait également évoquer l'histoire de la Franc-maçonnerie depuis l'Antiquité comme le raconte Anderson; d'où la présence d'Apollon et d'Euclide.

Le frontispice de la deuxième édition de 1738[55]

En 1738 Anderson fut obligé de faire rééditer les Constitutions en raison d'une copie de son travail qui fut illégalement mise en circulation en 1735 par un certain William Smith. La nouvelle édition de 1738 est deux fois plus grande que la première, notamment en raison de rajouts dans la partie historique, mais surtout notamment elle introduit le grade de maître.

Ainsi, dans l'édition de **1738,** une gravure de Pine tient compte du 3ème degré introduit en 1730. Elle montre Hiram présentant à Salomon les plans du Temple, gravure sur laquelle Hiram apparaît donc comme architecte. La gravure de John Pine (qui réalisa le

---

[55] Frédérick Tristan, *Introduction au langage maçonnique:* <tinyurl.com/frontispice-1738>.

Frontispice de 1723) est fondée sur un dessin de James Thornhill publié en 1736[56].

Une toute autre symbolique apparaît dans la version de 1767[57].

C'est Benjamin Cole et Louis-Philippe Boitard qui gravèrent le frontispice de 1767. Une figure féminine est assise sur un trône placé sur un pavé maçonnique et une collection d'outils maçonniques à ses pieds.

Une large Tamise, occupée par des bateaux de toutes tailles, traverse le Old London Bridge et se jette dans la mer, également occupée par de grands navires, évoquant l'année 1736, commencement de la guerre de sept ans qui opposa la Grande Bretagne de Georges II à la France de Louis XV en particulier.

Le frontispice montre en arrière-plan la *Skyline* de Londres telle qu'elle apparaissait. Cette ligne d'horizon avait été architecturée par un seul homme pendant près de 50 ans: l'architecte du Roi, Sir Christopher Wren.
Le Blason sur le côté du trône est celui des Maçons opératifs de la *Worshipful Company of Masons*... à un détail près: l'oiseau sur le casque, un roitelet dont le nom anglais est justement *Wren*.

---

[56] <tinyurl.com/dessin-de-James-Thornhill>.
[57] *Illustrations of Masonry: The Frontispieces of the Book of Constitutions* 1723–1819 par Martin Cherry Quatuor Coronati Lodge No. 2076, Fig.2 <tinyurl.com/frontispices-des-constitutions>.

Le frontispice de la 5ème édition des Constitutions d'Anderson de 1784[58]

La cinquième édition est presque entièrement réécrite par John Noorthouck qui retarda sa parution en 1786, car la gravure, une collaboration de quatre artistes, Thomas Sandby, Giovanni Cipriani, Francesco Bartolozzi et James Fittler, ne fut pas achevée à temps.

Elle représente la partie architecturale de l'intérieur du Freemasons Hall dont la première pierre fut posée par le Grand Maître, Lord Petre, en 1775, et le hall fut inauguré par le même en 1776. Ces Constitutions furent presque entièrement réécrites par John Noorthouck en 1784 et approuvée par la Grande Loge (alors présidée par le duc de Cumberland). Leur titre est: *Constitutions de l'ancienne fraternité des Maçons libres et acceptés: contenant leur Histoire, Charges, Règlements, compilé par ordre de la Grande Loge à partir de leurs anciens dossiers, et Traditions, par James Anderson DD.*[59]

Dans cette salle du nouveau Freemasons'Hall se trouve une grande table (dite «the mystic Table», celle autour de laquelle se réunissaient les premiers francs-maçons).

---

[58] *Illustrations of Masonry: The Frontispieces of the Book of Constitutions 1723–1819* par Martin Cherry Quatuor Coronati Lodge No. 2076, **Fig. 6**: <tinyurl.com/frontispices-des-constitutions>.

[59] *Constitutions of the antient fraternity of free ans accepted Masons: containing their History, Charges, Régulations, &c. Fist compiled by order of the Grand Lodge from their old records, and Traditions, by James Anderson, DD.)*

Là sont exposés deux Globes et d'autres ornements maçonniques, une louve supportant une pierre cubique, une bible ouverte, un compas et d'autres instruments. Sur le sol, à gauche de la gravure, une sphère armillaire. Une sphère armillaire est une combinaison de cercles emboîtés, permettant de représenter certains mouvements des astres. Son utilisation permet de comprendre les saisons, les mouvements des étoiles et du Soleil en différents points de la Terre. Sa présence affirme la prévalence de la science astronomique parmi les arts libéraux.

Également au sol, sur la droite, un ustensile qui pourrait être une urne pour les votes. Dans un nuage surplombant l'image, la Vérité entourée par les trois Vertus Théologales (la Foi, l'Espérance et la Charité), tient un miroir réfléchissant la lumière d'En-Haut par plusieurs rayons éclairant la salle. Un messager ailé porteur d'une torche enflammée descend sur le rayon central, portant avec lui le bijou du Grand Maître attaché au bout d'un cordon, en signe d'approbation d'un édifice tout entier dédié à la Charité et la Bienfaisance.

Le frontispice de l'édition de 1819[60]

Il fut gravé par William Sylvester. Une figure féminine, allégorie de la Franc-maçonnerie, se tient debout dans un temple maçonnique, sa main droite tient un faisceau tiges liées. Sa main gauche repose sur un piédestal décoré de

---

[60] *Illustrations of Masonry: The Frontispieces of the Book of Constitutions* 1723–1819 par Martin Cherry Quatuor Coronati Lodge No. 2076, **Fig.7**: <tinyurl.com/frontispices-des-constitutions>.

figures de Foi, d'Espérance et de Charité. Posé sur ce meuble, une Arche que John Soane a construite pour abriter les Articles de l'Union des deux Grandes Loges de 1813 et un globe terrestre. À ses pieds on retrouve une sphère armillaire, un volume de la loi sacrée et quelques outils maçonniques. Derrière elle se trouve un brasier en relief avec le mot Concorde, et dans le fond, sur un piédestal domine un buste du Prince Régent qui fut Grand Maître de la Grande Loge Unie d'Angleterre où sont gravés: Sa Très Glorieuse Majesté et les débuts d'une date en chiffres romains, peut-être 1813.

Le frontispice des Constitutions de Laurence Dermott, Ahiman Rezon de 1756[61].

Publiées en 1764 le frontispice est gravé par Larken. La gravure est composée de deux armoiries.
L'armoirie de la partie inférieure, comme une base, porte l'indication *Les armes de l'opérative ou des maçons de pierre*, c'est-à-dire de la Worshipful Company of Masons.

Il est précisé, sur l'autre armoirie qui surplombe la précédente, qu'elle est *Les armes de la fraternité la plus ancienne et la plus honorable, des maçons libres et acceptés*. Y sont représentés les animaux des quatre principales tribus d'Israël: le lion de Juda, le bœuf d'Éphraïm, l'homme de Ruben et l'aigle de Dan. Debout sur le Tabernacle, deux

---

[61] *Illustrations of Masonry: The Frontispieces of the Book of Constitutions* 1723–1819 par Martin Cherry Quatuor Coronati Lodge No. 2076, **Fig. 3**: <tinyurl.com/frontispices-des-constitutions>.

chérubim tétramorphes[62] les encadrent, rappelant la vision du prophète Isaïe.

Les éditions suivantes des Constitutions de Dermott présenteront un frontispice différent montrant un temple dorique prostyle[63].

Initialement conçu par Dermott pour la 3e édition en 1778, le frontispice fut révisé par Thomas Harper.

Le dôme est orné des armoiries de la Grande Loge des Antients. Les trois figures sur le dôme représentent les trois grands maîtres du tabernacle dans le désert.
Les deux figures couronnées représentent Salomon et le Hiram le roi de Tyr, et en leur contrebas se trouve le Maître Hiram Abi. Les trois personnages de droite, sur la gravure, représentent les trois grands maîtres du second temple de Jérusalem. Les socles sur lesquels reposent les quatre statues intérieures sont décorés d'un fil à plomb, d'un compas, d'un niveau et d'une équerre.
Sur chaque colonne se trouve un tablier orné des armes de l'Écosse, de l'Angleterre et de l'Irlande. Le piédestal situé juste devant le temple est gravé des noms des Grands Maîtres de la Grande Loge des Antients et des Grandes Loges d'Ecosse et d'Irlande.

---

[62] Si vous souhaitez comprendre en quoi le tétramorphe est une allégorie spirituelle maçonnique, prenez le temps de consulter le chapitre *Rassembler ce qui est épars dans la mystique chrétienne* du livret *Scintillements d'altérité en assemblant ce qui est séparé* dans la collection Vagabondages maçonniques.
[63] *Illustrations of Masonry: The Frontispieces of the Book of Constitutions* 1723–1819 par Martin Cherry Quatuor Coronati Lodge No. 2076, **Fig. 4**: <tinyurl.com/frontispices-des-constitutions>.

En plaçant les noms des souverains des trois Grandes Loges sous les figures des maîtres bibliques, il est ainsi dit que les Grands Maîtres sont les héritiers de Moïse, Salomon et Zorobabel, alors que les Grands Maîtres des Modernes ne le sont pas.

Que peut-on conclure de ces différents témoignages symboliques?

«Toute théorie générale de la fonction symbolique, considérée dans son ensemble, implique qu'elle définisse, à propos des symboles les conditions (sociales, historiques, psychologiques, idéologiques, etc.) de leur production, leurs caractères sémiotiques majeurs, leurs propriétés formelles, leurs modes de lecture ou d'interprétation possibles et, enfin, leur rôle multiforme tant pour les individus que pour des groupes»[64]. On s'apercevra alors que les symboles comme les mythes permettent de décider ce qui «fait» le moment historique, l'âme d'une époque.

*Je n'aurais pu documenter cette présentation sans l'aide précieuse de l'article de **Martin Cherry** de la Quatuor Coronati Lodge No. 2076*[65]

---

[64] Daniel Dubuisson, *La conception éliadienne du symbolisme*, p.2: <tinyurl.com/conception-du-symbolisme>.
[65] *Illustrations of Masonry: The Frontispieces of the Book of Constitutions* 1723–1819 par Martin Cherry Quatuor Coronati Lodge No. 2076 <tinyurl.com/frontispices-des-constitutions>.

6 LA CORDE À NŒUDS

La vie de l'enfant commence par une coupure du cordon ombilical, séparant son corps de celui de sa mère. La Franc-maçonnerie, quant à elle, n'aura de cesse, à travers ses symboles, de nouer un lien entre l'initié et sa loge mère (ou toute autre loge où il s'affiliera). Si la cérémonie d'initiation est une nouvelle naissance, elle ne sépare pas, elle serait plutôt une intégration dans une matrice fraternelle. Le nœud y représente particulièrement ce lien. Pour illustrer ce thème, je vous propose de nous attarder sur un décor de la loge, la corde à nœuds et ses lacs d'amour, puis sur ce que peut-être l'incarnation de cette corde, la chaîne d'Union, et un de ses effets sur l'égrégore.

Dès lors qu'il était question d'établir les plans d'un édifice sacré, on retrouve l'utilisation d'un cordeau. En fait, la corde est le premier outil dont on se sert sur le terrain, au moment où l'on trace la délimitation des fondations. C'est donc un symbole initiateur. *Dans un certain sens, la corde était la représentation d'une structure, d'un principe supérieur, qui lie le monde physique au monde spirituel.* Le cordeau avait pour fonction de maintenir, dans le cadre de l'orientation, les différents éléments ordonnés de la construction. Dans la plupart des traditions, le cordeau était tendu entre quatre piliers correspondant aux quatre directions de l'espace, chacun des côtés figurait trois signes du zodiaque, conformément à la représentation que les anciens astrologues donnaient à l'univers. Le cordeau définissait ainsi un cadre cosmique qui fixait sur terre la projection de l'ordre universel, ce que les alchimistes appellent un rite de fixation ou de coagulation du monde céleste dans le monde terrestre. Une fois la construction achevée, il convenait de conserver à l'intérieur de l'édifice ce cadre à partir duquel le monde d'en haut était venu engendrer le monde d'en bas. Une corde, entre le sol et le plafond, symbolisait alors l'origine céleste de l'édifice, parfois une frise, la remplaçait.

Dans la loge maçonnique, terminée vers chaque colonne par une houppe, la corde est un des ornements qui court en frise sur le haut des murs en formant, de distance en distance, des nœuds en huit emblématiques nommés Lacs d'amour, rappelant l'idéogramme de l'infini, la lemniscate, et se trouvant tous au même niveau.

La lemniscate est une courbe plane particulière qui a été étudiée en 1694 par le mathématicien suisse, Jacques Bernoulli. Dans sa forme simple et pure, elle se présente comme un huit couché. Les deux parties du huit sont rigoureusement égales. La lemniscate est une forme de mouvement spiralé à travers lequel s'exprime, de manière spécifique, le mouvement de la vie. Comme la vie, elle est mouvement et centre, et évoque le passage incessant par le centre. C'est peut-être pour cette raison, que traditionnellement, on en a fait le symbole de l'infini. On la trouve sur le chapeau du bateleur, première carte du tarot; elle n'est pas sans rappeler l'ouroboros, voire le sablier du cabinet de réflexion.

L'existence du centre (ou cœur), par où repasse toujours le mouvement, signifie la reliance à nous-mêmes, à notre intériorité profonde, dans ce qu'elle a de personnel et d'universel à la fois. Sur le plan individuel, les chakras du corps sont des nœuds où se croisent, se concentrent, des énergies essentielles à l'existence. Il y en a d'ailleurs sept, comme les nœuds d'Isis.

Certains y voient la figure héraldique des **lacs d'amour**.

Lac d'amour est l'autre nom des entrelacs (lacets) formés sur la corde à nœuds symbolisant le plus souvent la chaîne d'union.

Au Moyen Âge le lac d'amour, ou nœud en huit, est d'abord un signe de la véritable et indissoluble amitié, de la foi jurée et donc inaltérable. Ainsi, il fut l'insigne de l'ordre du St Esprit, dit aussi Ordre du nœud, fondé en 1352 par Jeanne de Naples pour le couronnement de son second époux Louis de Tarente. Après, il sera si présent dans la maison de Savoie qu'on l'appellera le *nœud de Savoie*. Sur le phylactère noué de la couverture du *Livre d'heures de Catherine de Médicis* (bru de François 1er, fils de Louise de Savoie) on peut lire: l'amour durable dont les mains jointes resserrent les liens[66].

Sur les tableaux de loge du 17ème et 18ème siècle, la corde à nœuds surmonte la partie céleste avec seulement deux lacs d'amour, deux entrelacs très lâches, représentations de l'unité divine dans la Création à travers l'Ancienne et la Nouvelle Loi, ce qui permet de les interpréter comme

---

[66] <tinyurl.com/noeud-de-savoie>.

la représentation de la Synagogue et l'Église. Cela montre une conception pour laquelle «le judaïsme est la matrice qui a porté et fait naître le christianisme. C'est avec des catégories de pensée juives qu'il faut rendre compte de l'émergence de ce qui ne sera plus juif tout en prétendant l'être pleinement». On appelle cela le judéo christianisme On peut aussi dire que les lacs d'amour sont un symbole d'union, d'amour, de fraternité. Ils sont adoptés par la Franc-Maçonnerie au XVIIIe siècle et, à la même époque, par les compagnons tailleurs de pierre étrangers. Les compagnons de quelques autres métiers l'adoptent à leur tour au XIXe siècle. Dans tous les cas, avec le même sens que celui de l'héraldique, c'est-à-dire comme symbole d'union et d'amour[67].

À examiner la corde à nœuds maçonnique, on ne peut ignorer qu'elle se termine par des houppes, des glands effilochés. Contrairement aux cordes modernes en nylon dont on peut brûler les bouts pour l'arrêter, les cordes de chanvre utilisées par nos prédécesseurs ne pouvaient être terminées que par des glands effilochées, des houppes. On attribua à cette partie de corde détressée, tombant de chaque côté des colonnes J et B une signification symbolique que l'on appela des «houppes dentelées». À la malicieuse question de notre bien aimée sœur Annick Drogou, «En entrant dans la loge et la parcourant, en considérant un fil de la houppe de gauche, diriez-vous que ce fil est le même que celui que vous retrouveriez dans la houppe de droite? On serait tenté de répondre: oui, apparemment.
Et pourtant, il n'est plus le même! Le fil a subi torsion, pour faire corde avec d'autres, il s'est relié dans des

---

[67] <tinyurl.com/heraldique-compagnonnique>.

alternances de dessus/dessous en des points nodaux pour marquer les liens qui entravent, qui enchainent ou qui unissent et sous ce dernier aspect on les appelle des lacs d'amour, ce motif héraldique qui nous renvoie aux blasons de la veuve de Savoie et des dignitaires de l'Église. Le fil, qui a parcouru le mur sur lequel est posée la corde à nœuds, est donc, sous cet angle, la parabole d'une transformation de soi-même dans la relation aux autres renvoyant par analogie à la taille de la pierre.

Son symbolisme ne s'arrête pas là. Ce fil a connu des histoires que nous avons évoquées L'histoire des nœuds nous renvoie à l'usage du cordeau donc à la géométrie sacrée et à sa kyrielle d'outils, notamment le compas et l'équerre qui nous renvoient à leur tour vers d'autres approches et d'autres encore qui sont, ainsi, à rassembler dans une dialectique infinie de sens.

Approchons-nous du Nœud

Selon René Guénon, le symbolisme du lien se rattache à celui du fil et du tissage. Le fil du tissage représenterait *le Soi qui relie tous les modes d'existence entre eux* et aussi les êtres *à leur Principe* du point de vue du microcosme (plan humain) comme de celui du macrocosme (plan universel).

Ainsi, le fils, la chaîne ou la corde peuvent se replier sur eux-mêmes pour former des nœuds et des entrelacs. Chaque nœud ou croisement d'entrelacs correspond à un point d'évolution – ou de passage -, qui implique un achèvement ou une mort symbolique à un état pour induire un nouveau commencement ou un nouvel état.

La succession apparente de nœuds ou de points peut s'identifier, du point de vue du Principe, à la simultanéité des états ou modes d'être dans l'univers. Dans le symbolisme du tissage, les fils de chaînes et les fils de trame s'entrecroisent.

Ainsi, dans sa forme, le nœud de Salomon, dont les boucles fermées se croisent à angle droit, rappelle celle du Sceau de Salomon. Ce nœud exprime l'alliance énergétique entre le divin et l'homme.

Et ce sont les points de croisement qui forment l'ensemble du tissu universel. Comme pour les entrelacs, les fils sont comme les *lignes de force qui définissent la structure du Cosmos…*

Toutefois, l'ambivalence et le double sens inhérents à tous les symboles se retrouvent aussi dans le symbolisme des liens et des nœuds. Du point de vue humain, les liens entravent, enchainent ou unissent…

Ainsi, l'être manifesté (être humain, animal, végétal, et pourquoi pas minéral…) est attaché, prisonnier de ses conditions d'existence et des limites d'une contingence dont il ne peut pas sortir…

Par ailleurs, la connexion établie par un lien (fil, motif tressé, corde, chaîne…) avec les autres états ou modes d'être échappe à chaque être manifesté. Le nœud, qui représente plus particulièrement quelque chose de fixe, est un état ou un moment déterminé, il renforce la signification du lien.

Et si l'attachement – élément ambivalent lui aussi – peut paraître positif envers quelqu'un ou quelque chose, il peut également entraver… et il est parfois nécessaire de s'en affranchir…

Lors de la cérémonie d'initiation, le récipiendaire, sous le bandeau, entend le bruit de chaînes qui tombent avant que la porte ne lui soit ouverte. Ces chaînes sont les gardiennes du seuil. Devenu franc-maçon, il comprendra à quelle invite ce geste l'engage: à se libérer lui-même de ses chaînes, à s'émanciper de ses maîtres mondains, à se passer de l'assentiment du regard de l'autre. La fête juive de Pessah, commémorant la sortie d'Égypte des Hébreux où ils avaient été esclaves, est un paradigme de cette libération.

Si la liberté de conscience est aisée en loge, il faut aujourd'hui beaucoup de courage au prix de la vie (que certains ont donnée, ou plutôt qui leur fut prise) pour porter dans le monde profane le combat pour la liberté de conscience.

Sur le plan individuel ces chemins symboliques peuvent exprimer une évolution spirituelle ou initiatique, qui permet à l'être d'élargir sa propre conscience, grâce à une transmutation de ce qui enchaîne en ce qui unit[68].

Les anneaux de Borromée tirent leur nom d'une célèbre famille de princes italiens de la Renaissance, les Borromée, qui les adoptèrent comme symbole héraldique. Ils sont gravés dans la pierre de leur château, sur l'une des îles Borromée du lac Majeur. Ce nœud était la représentation des trois ordres où s'illustrèrent les membres de la famille: tiers État, noblesse et

---

[68] Extrait du document de Maryse Marsailly, *Le Sacré : du labyrinthe à l'entrelacs, on chemine sur le fil*: <tinyurl.com/labyrinthe-entrelacs>.

clergé. C'est lors d'une visite à cette famille **que** Lacan découvrit leur blason qui lui inspira la figuration des relations entre réel, symbolique et imaginaire connu sous leus initiales (RSI), faisant disparaître toute idée de suprématie d'un registre sur les autres.

Le nœud borroméen est nœud emboîtant formant un ternaire (représenté aussi par la triquetra celte) si semblable à la **Valknut d'Odin (avec des triangles à la place des cercles)** et signifiant «**nœud des guerriers morts au combat**».

Parmi les nœuds, n'oublions celui des trois Nornes, déesses vierges celto-druidiques - les tisseuses – qui tissent le destin, symbolisé par le triskèle.

Il y a **Urd:** la sœur aînée, qui enroule les fils autour du fuseau, donnant ainsi la vie en «créant» littéralement de nouvelles destinées. **Verdandi:** qui file la laine et choisit la direction que chaque fil de destinée prendra et **Skuld:** la cadette qui est associée à la mort qu'elle décide en coupant les fils.

On retrouve également des fileuses, dans le mythe d'Er, narré par Platon à la fin de son livre *La république*. Sous les traits de 3 moires, ces filles de la nécessité sont: Lákhesis, «da Répartitrice», enroulant le fil, qui décide du temps de vie à accorder à chaque être en mesurant le fil de la vie à l'aide d'une verge. Klôthô, «da Fileuse» chantant le présent. C'est à elle que revient le choix de la date de naissance de chacun. Outre ce pouvoir sur les naissances, il lui appartient aussi de décider si les dieux ou les mortels méritent la vie sauve ou la mort. et Atropos «d'Implacable», qui choisit la forme de la mort et termine l'existence terrestre des mortels en leur coupant le fil de la vie.

Flamboiement des symboles maçonniques

Revenons en Franc-maçonnerie.

Il est une corde particulière passée autour du cou du récipiendaire lors de son initiation au 1er degré maçonnique.

La préparation d'un récipiendaire à son initiation prévoit qu'il soit ni nu ni vêtu, un bandeau sur les yeux, un pied déchaussé **et une corde à son cou** qui symbolise tout ce qui retient encore le profane au monde qu'il va quitter.
Le *Dumfries Manuscrit* n° 4 de 1710 (c'est la date donnée aujourd'hui, mais son contenu est bien plus ancien, entre 1547 et 1553 selon D. Taillades[69]) indique que le candidat entrait dans la Loge «la corde au cou» (*cable-tow*). À la question que lui posait le Maître sur sa signification, il répondait: «pour me pendre si je trahis mon serment». C'est la première mention de ce symbole venant d'une Loge d'Acceptés. La divulgation *Les Trois Coups Distincts* de 1760 confirme que le candidat, lors de sa cérémonie d'initiation, a une corde au cou. On constate qu'en Angleterre, la corde avait le même usage en 1760 qu'en 1710: pendre le parjure. Cependant, cette corde, apparue dans la Maçonnerie française en 1727, avec *Les Francs-Maçons Écrasés,* avait une autre signification, elle sert à guider le candidat dans ses voyages.
Au Rite Français Moderne Rétabli, «une chaîne est passée autour de cou du candidat, nouée sous la gorge, les deux chaînons descendant le long de sa poitrine, avant-bras relevés, ainsi le poids du bras pèse sur le derrière du cou, faisant pression sur la nuque».

---

[69] David Taillades, *Franc-maçonnerie, l'histoire retrouvée*, p. 140 et suivantes, Éd. Dervy, 2019

Flamboiement des symboles maçonniques

Au Rite Initiatique Traditionnel Écossais, lors de l'élévation à la maîtrise, on la retrouve sous l'appellation «corde des métamorphoses». Elle rappelle au futur Maître que **de** la mort du vieil homme naît à chaque fois un être nouveau, régénéré, métamorphosé. Une explication plus mystique est donnée au RAPMM: «cette corde symbolique n'est autre que l'image du lien fluidique reliant votre forme subtile à l'enveloppe charnelle que la mort matérielle vous a fait quitter».

Selon le Régulateur du maçon de 1801, le récipiendaire n'a pas de corde au cou.

Pour les rites qui pratiquent ce ritème, retirer la corde du cou du néophyte lors de sa cérémonie d'initiation, c'est le libérer de ses liens artificiels pour lui proposer de s'intégrer librement à la communauté et de devenir un des lacs d'amour.

De-là, la corde symbolise bien le lien de fraternité reliant tous les francs-maçons qui trouve son expression la plus achevée dans **la Chaîne d'Union**.

Dans la plupart des rites, à la fin de chaque tenue, les francs-maçons forment une chaîne en se tenant par les mains dégantées; cette chaîne s'élargit idéalement à toute l'humanité. Cette chaîne symbolise tout particulièrement la fraternité qui unit le franc-maçon d'une part avec tous les francs-maçons vivants, d'autre part avec tous ceux qui l'ont précédé et tous ceux qui lui succéderont. Il est à noter que la chaîne d'Union illimitée vers l'avenir, apparaît comme n'ayant, dans le passé d'autre délimitation que le point qui correspondrait à l'origine même de l'espèce humaine. Elle place chaque participant dans la continuité de la Tradition[70].

Au RÉAA, en 1923, la Chaîne d'Union n'est faite que pour recevoir le Récipiendaire du 1er degré; la chaîne sera intégrée, de façon facultative, à la clôture des travaux en 1962 avec la précision suivante: on quitte la chaîne «après avoir secoué les bras trois fois».

Chaque maçon présent constitue un maillon. Dans une chaîne courte, les francs-maçons croisent leurs bras devant eux et prennent la main gauche de leur voisin de gauche avec leur main droite. Idéalement, elle se pratique bras et jambes écartés, les pieds en contact; chaque franc-maçon est alors une étoile pentagonale reliée aux autres, tous et toutes formant une constellation. Ces étoiles s'animent lorsque les bras se soulèvent par trois fois à l'injonction: *Quittons la chaîne!*

Dans une chaîne longue, on prend la main droite du voisin de gauche dans la main gauche. Il s'agit toujours du «tenir ensemble».

Se tenir la main ne suffit pas pour fluidifier l'énergie qui doit couler et traverser chacun, dans le cercle fermé. Ce qui est reçu doit être reversé dans le nœud des mains, rappelant ceux des lacs d'amour de la Houppe dentelée qui en constituent le symbole. En magie, comme en

---

[70] Dans le rituel de 1785 adopté par le GODF, la circulation du baiser était systématique à la clôture des banquets qui suivaient toujours les tenues : le Vénérable le donne à son voisin de droite et il lui revient à gauche. Une Chaîne était toutefois formée lors de la 7ème et dernière santé lors de la Chanson de l'Apprenti Entré. Il en était de même dans *L'Ordre des Francs-Maçons Trahis* (1745) ou dans *Les Trois Coups Distincts* (1760).

magnétothérapie, la main gauche aspire l'énergie (en supination, càd la paume tournée vers soi), elle est censée la recevoir, tandis que la main droite la dispense en restituant le don (en pronation, la paume de main tournée à l'opposé du visage). Chaque individu peut toujours se recharger en fonction de son propre rythme, pour peu qu'il sache se connecter à une source, qu'elle soit en lui-même ou hors de son corps physique. Dans la Chaîne d'Union, le maçon est comme une pile avec ses polarités. Le cercle fermé, avec les francs-maçons mis en série entre ses sœurs et frères, créé un champ magnétique au centre de la loge où chacun équilibre son énergie sur celle de l'ensemble des participants, «pas par **le** geste, mais par **ce** geste, ce geste fait de cette manière, avec cette ardeur, cette envie, cette application... ce respect». Le balancement des bras permet, à la fin de la chaîne, de couper en douceur ce flux, qui trop précipitamment pourrait donner une décharge électromagnétique.

Ce faisant, le cercle ainsi formé par les membres peut symboliser la Fraternité universelle des maçons dans laquelle chaque initié est un maillon de la chaîne, cette multiplication d'anneaux pouvant symboliser «la préservation de l'unité à travers la multiplicité». Pour Bruno Etienne, «la fusion entre tous les êtres les fait participer à la totalité de l'énergie en réunissant le micro et le macro[71]».

Dans la Chaîne d'Union, le Vénérable Maître et le Grand Expert sont toujours l'un en face de l'autre dans l'axe de la Loge; le Vénérable Maître côté Est, le Grand Expert côté Ouest. Les deux Surveillants encadrent le Grand

---

[71] B. Etienne, *Une voie pour l'Occident*, La Franc-maçonnerie à venir, p.267.

Expert. Tous les autres membres présents sont répartis indistinctement dans la Chaîne. Lors d'une affiliation ou d'une réintégration, le franc-maçon affilié ou réintégré est placé entre le Grand Expert et le 1er Surveillant. Lors d'une Cérémonie de Réception, chaque nouvel Apprenti est encadré par deux participants aux travaux.

Au Rite de Style Émulation, la Chaîne d'Union n'est pas matérialisée en se prenant par les mains. Elle réside en fait, à l'ouverture comme à la fermeture des travaux dans les mots «unissez-vous à moi pour ouvrir la Loge…» et «unissez-vous à moi pour fermer la Loge…».

La chaîne d'union peut être utilisée, aussi *hors la loge*, dans des circonstances particulières d'un repas, d'un enterrement[72].

Par sa similitude avec la Chaîne d'Union, il convient d'évoquer la chaîne d'alliance réalisée lors de cérémonie rituelle des compagnons opératifs. Portant leurs couleurs, les compagnons se tiennent par la main en croisant les bras à la façon des maillons d'une chaîne d'union et forment un cercle fermé, semblant tourner dans le sens de la marche du soleil, cercle au milieu duquel se trouvent trois compagnons ou deux compagnons et la Mère[73], ceux-ci restant immobiles. Le Rouleur chante les

---

[72] Pour une approche détaillée sur les principaux éléments de la chaîne d'Union : le symbole cosmique de la chaîne d'Union, le cercle que forme la chaîne, obligatoirement fermée, la polarité, mise en évidence par le croisement des bras, la main qui joue un rôle actif dans la formation de la chaîne, se reporter à: <tinyurl.com/polarite-dans-la-chaine>.

[73] La cayenne, siège d'une société de Compagnons, est un terme employé chez les charpentiers, les couvreurs, les boulangers tandis que d'autres, tels les menuisiers, emploient le mot chambre. Cette maison est gérée par une femme : «Dame

Fils de la Vierge, dont le refrain est repris en chœur. Au cours des funérailles, la Chaîne est tenue sans chant, elle est ouverte, symbolisant ainsi le maillon qui vient de se rompre.

C'est au cours de la chaîne d'Union que l'on ressent le plus ce que l'on appelle **l'égrégore.**

Les eggrégores

~   Du latin: *ex*, sortant et de *grex, gregis*, le troupeau, la foule, et avec la désinence or, «eur» en français, celui qui agit (par exemple: entrepreneur, guérisseur, voleur), l'égrégore serait le fruit actif né de l'action d'une foule.

~   Mais, du grec: «*égrêgorein / egregoros*» qui signifie veiller / veilleur, égrégore a deux autres sens: il s'agit d'une part du nom d'anges présents sur le mont Hermon qui s'unirent aux filles de Seth dans les légendes juives, d'autre part d'un concept ésotérique dont la définition approximative est celle d'un «être collectif», une êtreté indépendante.

Le mot apparaît d'abord dans le livre d'Énoch, il y désigne une catégorie d'ange. Ensuite ce sera Éliphas Levi qui utilisera le terme dans son livre *Dogme et rituel de la haute-magie*, et lui donnera une étymologie latine au lieu

---

économe», «Dame hôtesse» ou «Mère» en fonction du degré d'initiation reçue par cette dernière, à la fois aubergiste et surveillante des mœurs ; son mari prend le nom de «Père». Le Rouleur, ou Rôleur, compagnon itinérant était, autrefois, chargé de l'embauche, maintenant il seconde le directeur, tout en faisant souvent office de Maître de cérémonie.

de grecque, ce qui engendrera la confusion de sa définition[74].

Une autre notion fut introduite en 1897 dans l'occultisme par le poète Stanislas de Guaita[75], concept qui, bien sûr, n'était pas présent dans les textes maçonniques antérieurs. Mais c'est surtout Oswald Wirth qui va donner ses lettres de noblesse à la notion d'égrégore, n'apparaissant ainsi qu'en 1935 en Franc-maçonnerie.

C'est au médecin Pierre Mabille, compagnon de route du surréalisme, que l'on doit une définition du terme égrégore dans son ouvrage *Egrégores ou la vie des civilisations*, paru en 1938: «J'appelle égrégore, mot utilisé jadis par les hermétistes, le groupe humain doté d'une personnalité différente de celle des individus qui le forment. Bien que les études sur ce sujet aient été toujours, ou confuses, ou tenues secrètes, je crois possible de connaître les circonstances nécessaires à leur formation. J'indique aussitôt que la condition indispensable, bien qu'insuffisante, réside dans un choc émotif puissant. Pour employer le vocabulaire chimique, je dis que la synthèse nécessite une action énergétique intense».

Enfin c'est Jules Boucher qui en donnera une définition explicite en 1948: «On appelle "égrégore" une entité, un être collectif issu d'une assemblée. Toute assemblée d'individus forme un égrégore. Il y a un égrégore pour chaque religion et "cet égrégore est puissant de toute la force des fidèles accumulée au cours des siècles. De même, pour la Franc-Maçonnerie, chaque Loge possède

---

[74] Retrouver l'article d'Éliphas Levi, paru en mars 1893, *Les eggrégores*, dans la *Revue l'Initiation*: <tinyurl.com/L-Initiation-mars-1893>.

[75] Stanislas de Guaita, *La Clef de la Magie Noire*.

son égrégore; chaque Obédience a le sien et la réunion de tous ces égrégores forme le grand Égrégore Maçonnique». Le mot est souvent aussi synonyme de forme-pensée, d'émotion-pensante.

Selon Robert Ambelain, dans son ouvrage de 1951, *La Kabbale pratique*: «on donne le nom d'égrégore à une force engendrée par un puissant courant spirituel et alimentée ensuite à intervalles réguliers, selon un rythme en harmonie avec la Vie universelle du Cosmos, ou à une réunion d'entités unies par un caractère commun. Dans l'invisible, hors de la perception physique de l'homme, existeraient des êtres artificiels, engendrés par la dévotion, l'enthousiasme, voire le fanatisme, qu'on nomme des égrégores».

Daniel Ligou, dans son *Dictionnaire universel de la Franc-maçonnerie* définissait ainsi l'égrégore en 1974 par un raccourci saisissant: «terme employé par les symbolistes pour désigner la force de cohésion dans un groupe humain; en Franc-maçonnerie, une Loge».

Carl Gustav Jung, avec ses travaux sur les symboles, sur les mythes, sur l'inconscient, sur la psychologie des profondeurs, aboutit à la notion d'un inconscient collectif. Une sorte d'héritage culturel de nos ancêtres, une sorte de résumé des expériences intérieures et antérieures de l'Humain.

La notion d'égrégore se rapproche donc de celle d'inconscient collectif, de conscience collective, de champ morphogénétique ou champ de conscience opérant entre eux. Il pourrait se trouver que lorsque plusieurs personnes s'unissent autour d'une idée, ou d'un principe, elles enfantent un être collectif intelligent, qui va par la suite devenir indépendant. Il serait alors la somme des énergies psychiques émises par chacun des membres ayant participé à son émergence, voire à sa multiplication. L'ensemble de ces mouvements vibratoires pourrait exercer, en retour, en vertu du principe action-réaction, une puissante influence sur les composants du groupe, qui peut être fort différente de la psyché de chacun.

Un égrégore peut cependant être perturbé par la pensée négative de personnes qui ne sont pas en accord avec les objectifs. Par conséquent, les groupes ésotériques tentent de se protéger de pensées négatives qui pourraient affecter leur égrégore.

La force du rituel maçonnique associe nos esprits individuels pour former l'égrégore particulièrement ressenti au cours de la chaîne d'union. Il est d'amour.
On trouve, par analogie, une idée intéressante, en lisant le livre de l'astrophysicien Hubert Reeves, *Patience dans l'azur*, livre qui analyse l'univers à partir du Big Bang initial. On retiendra de son chapitre sur les énergies que la masse des corps étudiés, quelles que soient leurs dimensions, prise isolément, pèse plus lourd que la masse de ces mêmes corps reliés dans une structure commune. Par exemple, la somme des masses d'un électron et d'un proton est plus grande que celle d'un atome d'hydrogène qu'ils constituent en s'associant. La différence de poids est due à l'émission d'un photon ultra-violet, dégagé au moment de la constitution d'un atome; c'est-à-dire de la lumière. De même, un proton et un neutron pèsent plus lourd séparément que réunis en noyau de deutéron. En s'associant les deux particules libèrent de l'énergie sous forme d'un rayon gama. On appelle force, ce qui permet aux éléments de se lier en corps constitués: force électromagnétique pour les atomes, force nucléaire pour

les noyaux, quarkienne pour les nucléons, gravifique pour les astres: *Que la force soutienne nos travaux*. Alors, faisons une hypothèse: en se formant, l'égrégore libère une énergie qui se manifeste dans l'ailleurs. Quand nous sommes devenus pierres du temple, les transmutations du 2 produisent le 3-qui-est-un et libèrent de l'énergie. Ainsi «l'égrégorisation» dégage un on-ne-sait-quoi énergétique qu'il est bien difficile de caractériser avec précision. Mais, ce on-ne-sait-quoi, dans l'ailleurs où il est projeté, est un rayonnement dont l'influence pourrait être l'exhalaison de nos cérémonies rituelles fraternelles, protégées par la sagesse et la beauté, allant livrer leurs forces dans un combat d'énergies du bien contre celles du mal.

La catena, chaîne humaine, est un grand nombre de personnes qui se tiennent par la main lors d'une cérémonie particulière, mais aussi la catena géologique est un ensemble de sols liés génétiquement, chacun d'eux ayant reçu des autres, ou cédé aux autres, certains de ses éléments constituants.

Parce qu'on pourrait ici parler de chiasme au sens qu'en donne Merleau Ponty: donner un *nom propre* à l'être, un nom censé le dénoter en propre, en même temps que ce nom conserve toute sa valeur *métaphorique*, un nom qui n'est pas employé dans son usage logique ordinaire, mais comme une *image* destinée à évoquer une chose pour laquelle nous ne possédons pas de nom, je propose un néologisme en disant que le franc-maçon est un Caténaïen,

N'est-ce pas là un mot pour dire le cordon noué par l'enfant de la veuve avec ses frères et sœurs?

7 SYMBOLISONS-NOUS TOUTES LES COULEURS EN FRANC-MAÇONNERIE?

Les couleurs visibles à l'œil, ou représentées en esprit, peuvent avoir un effet sur le spirituel, quoique les couleurs elles-mêmes soient physiques.
Déjà les initiés du culte de Mithra se vêtaient de couleurs différentes pour indiquer leur dégré d'initiaition[76].

Noir, rouge, blanc, jaune, or, argent, retenues en Franc-maçonnerie dans les trois premiers degrés, sont l'exemple même d'une attention portée à la coloration comme faisant sens.

En Franc-maçonnerie, on aurait tendance à ne retenir que le noir et le blanc.

Bien sûr **le pavé mosaïque** en est le symbole le plus visible. Cette apparente opposition apparaît également avec la houppe dentelée, souvent symbolisée par une bordure de petits triangles alternativement noir et blanc qui entourent le tapis de Loge. On peut interpréter cette juxtaposition à la fois comme l'opposition entre lumière

---

[76] Vidéo: <tinyurl.com/couleur-initiation-Mithra>.

et ténèbres et comme leur réintégration dans l'unité de leur alternance, comme la dyade métaphysique du yin et du yang[77].

La vêture en noir et blanc, que certaines Loges exigent, correspondrait davantage à une tenue correcte, obéissant à des impératifs d'humilité et de respect que l'on doit à soi-même et surtout aux autres. «Les Maçons ne doivent jamais se présenter en loge que vêtus convenablement, et s'y comporter avec la plus rigoureuse décence[78]«. Ainsi, certains ateliers choisissent une **tenue sombre** qui est un bon moyen pour se confondre dans l'égalité. Le *dress code* relève plus d'une pratique d'obédience – voire d'atelier – que de rituel mais, toujours, révèle leur identité collective en tant qu'êtres de la Loge.

Les couleurs de Yakin et de Bo'az, le rouge et le blanc, participent également du principe spirituel de dualité.

Les deux colonnes de bronze sont, dans nos temples, coloriées. Par tradition, Jakin, mâle en rouge et Bo'az, féminine, en blanc (ou inversement selon le Rite), bien que le texte biblique soit précis sur ce point: il n'y a pas d'autre couleur que celle du métal coulé!

Alors d'où viendrait ce choix?

---

[77] Vous trouverez ce thème au chapitre *Ladyboy ou l'androgynie*: dans le livret n°10 *Scintillements de l'altérité en assemblant ce qui est séparé* de la Collection Vagabondages maçonniques.
[78] Jacques-Étienne Marconis de Nègre, *Le Rameau d'Or d'Éleusis*, 1863: <tinyurl.com/RameauD-orD-Eleusis>.

Le temple maçonnique aurait-il retenu pour ses colonnes les couleurs de leur correspondance avec les piliers de l'Arbre des séphiroth, le rouge et le blanc?

Sur l'arbre des séphiroth, Jakin est le symbole de la sagesse (Hokhmah), la seconde séphira, et Boaz, celui de l'intelligence (Binah).

Le *Zohar* assigne une couleur spécifique à chacune des Séphiroth[79]: le blanc à Hokhmah; le rouge à Binah[80]; le vert à Tiphereth et le noir à Malkhuth. Ce système de couleur est mis en parallèle avec celui des 4 Mondes qui se voient également attribués une couleur; en particulier, le monde d'Atziluth est associé au blanc, le monde de Briah au rouge; toutefois, ces attributions varient selon les kabbalistes et les systèmes. Traitant du «Grand Visage» et du «Petit Visage», les symboles du Macrocosme et du Microcosme, le Zohar parle du Feu Blanc caché irradiant de ceux-ci, nuit et jour, et qui cependant n'est jamais vu. L'organisme ardent de la Thora qui brûlait en feu noir sur feu blanc devant D. est à comprendre ainsi: le feu blanc est la Thora dans

---

[79] <esoblogs.net/913/les-couleurs-des-sephiroth/>.

[80] Sur le symbolisme de la couleur, nous retenons: *Le **blanc est la substance de Hokhmah**, qui est Miséricorde. Par contre, au sujet de **Binah, sa substance est rouge** qui est Rigueur.*

En fait, les couleurs retenues pour les séphiroth sont: Kether (Couronne) – blanc invisible ; Hokhmah (Sagesse) – une couleur qui inclut toutes couleurs; Binah (Compréhension) – jaune et vert; Hessed (Bonté) – blanc et argent; Guebourah (Force) – rouge et or; Tifereth (Beauté) – jaune et violette; Netzach (Victoire) – rose clair; Hod (Splendeur) – rose sombre; Yessod (Fondation) – orange; Malkhut (Royaume) – Bleu: <kabbale.eu/hokhmah/>.

laquelle la forme des lettres n'est pas encore visible, mais qui ne reçoit cette forme des consonnes ou des points-voyelles que grâce à la puissance du feu noir, qui est la Thora écrite.

Comme leur nom dans l'Arbre des séphiroth, dans certains rituels anglo-saxons, on retrouve les colonnes sous les noms de mishpat (la Loi, celle des tables éponymes) et de tsédeq (la Justice, l'équité en son application). Les deux colonnes B\ et J\ sont, avant tout, le rappel de deux des trois fonctions cosmologiques: royale (*mishpat*) et sacerdotale (*tsedeq*), la troisième étant la prophétique (*shalom*); royale pour Boaz (aïeul de David et de Salomon), sacerdotale pour Jakin (prêtre assistant lors de la consécration du Temple). Connaissant les deux colonnes, le cadre juridique et normatif est ainsi largement dépassé par le compagnon au profit de notions plus englobantes, faisant intervenir la dimension éthique. En ces sens, Jakin et Bo'az pourraient naturellement être entendues comme rigueur et miséricorde, Le jugement rouge et la miséricorde blanche, car le blanc et l'argent sont les couleurs traditionnellement associées à la gentillesse, le rouge et l'or associés au jugement.

Une remarque: en alchimie **Yakin**, parce que c'est l'énergie créatrice masculine, la force expansive qui part du centre de tout être, le souffre qui représente le *Coagula*, le Fixe, c'est-à-dire l'état condensé et corpusculaire de la matière, **sa couleur est le rouge.** Cependant, **Bo'az**, quant à elle, c'est la réceptivité féminine, c'est l'énergie qui venant de l'extérieur pénètre toute chose: c'est le mercure, la «mère cure», le *Solve*, le Volatil, c'est-à-dire l'aspect vibratoire et ondulatoire de la matière, **sa couleur est le bleu.**

Les couleurs des décors (tabliers et cordons)

Le blanc s'impose d'abord pour le tablier

RÉR, Le Vénérable revêt l'Apprenti du tablier de peau blanche, en lui disant: sa blancheur vous indique la pureté qui est le but de nos travaux, et que nous cherchons à recouvrer; l'on ne peut y parvenir que par la droiture du cœur et l'innocence des mœurs, ne paraissez donc jamais en Loge sans être décoré de ce tablier blanc.

On retrouve ce thème dans le catéchisme de la divulgation *Le sceau rompu*: «La lumière est le premier vêtement de l'âme, l'habit qu'on vous a donné n'en est que la figure et sa blancheur en désigne la pureté».

La Grande Loge du Massachusetts a adopté une loi qui impose que «le tablier d'un Maître maçon sera une simple peau d'agneau blanc, de quatorze pouces de large par douze pouces de profondeur»[81].

Le 27 juin 1726, la Grande Loge d'Angleterre avait ordonné que les maîtres de Loge et les surveillants porteraient les bijoux de la maçonnerie pendus à un ruban blanc passé autour du cou: les maîtres l'équerre, les surveillants le niveau et le fil à plomb. Le 17 mars 1731 ces bijoux devaient être en or ou dorés et le ruban bleu. Cette décision ne fut pas toujours respectée, en 1739 la Loge Antiquity conservait le «cordon vert selon les anciennes coutumes». Pour d'autres il était jaune, et le tablier blanc mais bordé de rouge. Le compas-bijou est signalé dans le Dunfries en 1710 et le frontispice des Constitutions d'Anderson 1723 montrent le Duc de Montagu, Grand Maître de la Grande Loge le passant au

---

[81] On pourra compléter l'histoire du tablier dans des *Documents Historiques*: <tinyurl.com/symbolisme-tablier>.

Duc de Wharton, son successeur. La couleur des pointes en cuivre du compas et celle du corps en acier détermineront que désormais le collier sera jaune et bleu, ce que le *Trahi* de 1745 confirme également. Il deviendra bleu par la suite et celui du maître des banquets continuera d'être rouge ainsi que son tablier.

La première vêture maçonnique spéculative est blanche, rubans compris. La couleur bleu ne vint qu'en 1731, soit une quinzaine d'années plus tard à une époque où la maçonnerie anglaise était à son apogée. Les Constitutions de de la Grande Loge Unie d'Angleterre de 1815 définissent le format du tablier: pour l'apprenti une peau d'agneau de 35,6cm à 40,6cm de large pour 30,5cm à 35,6cm de haut, coupée à l'équerre et sans aucun ornement. Deux lanières blanches servant d'attaches.

Puis la couleur apporte une distinction honorifique

À l'origine, simple pièce de peau d'agneau blanche bordée, pour les dignitaires, d'un galon de couleur, le tablier s'est progressivement enrichi, aux XVIIIe et XIXe siècles, de symboles peints ou brodés de fils d'or ou d'argent. L'évolution a également porté sur sa forme (rectangulaire, arrondie ou en écusson), ainsi que sur la matière employée (peau, soie, satin, tissu ou même papier).
Pour le compagnon des rites anglo-saxons, le même format que celui des Constitutions de de la Grande Loge Unie d'Angleterre de 1815 avec 2 rosettes à fond bleu ciel, 2 lanières blanches terminées par des houppes d'argent. Pour le maitre, toujours le même format que précédemment (ce format est important!) mais avec une doublure bleu ciel, une bordure de 3,8cm de la même

couleur et 1 rosette supplémentaire sur une bavette ou un rabat. La couleur bleue ciel des bords du tablier et des rosettes du tablier est le bleu Cambridge. Il est étroitement lié à la couleur du voile de la vierge Marie, lui-même dérivé de la couleur du bleu de la déesse Isis. **Ce bleu est la couleur de la bienveillance universelle** qui doit rappeler au franc-maçon cette vertu car, comme l'écrivait Albert C. Mackey dans son Encyclopédie de 1884:_«comme c'est la couleur de la voûte du ciel qui embrasse et couvre le monde entier, le bleu rappelle donc que, dans la poitrine de chaque frère, ces vertus devraient être tout aussi étendues»[82]

Puisant dans le corpus maçonnique, les artisans et les brodeurs ont utilisé des éléments historiques, sociaux ou symboliques, différents selon les époques et les pays. En France, la fin du XVIIIe siècle voit le recours à la symbolique du Temple, le Directoire à celui de la vogue de l'égyptomanie (sphinx, pyramides,…), l'Empire à celui de l'apparition des abeilles ou de la ruche et la suite du XIXe à celui de la thématique de l'équerre et du compas.

Dans les pays anglo-saxons, d'autres symboles ont été utilisés telles l'ancre, l'Arche, les vertus théologales.[83]
Par ailleurs, la couleur du galon de bordure a changé au fur et à mesure de la création des rites maçonniques: d'un certain bleu pour le Rite Émulation (couleur de l'Ordre de la Jarretière); au Rite de Salomon, il est bleu profond; bleu clair pour le Rite Français et Écossais Rectifié

---

[82] Albert C. Mackey, *Encyclopédie de 1884*, au mot *blue*, à la page 299/2132: <tinyurl.com/encyclopedie-Mackey>.
[83] *Grado compañero galería de imágenes*. À partir de l'image 65: <tinyurl.com/galerie-tabliers>.

(couleur de l'Ordre du Saint-Esprit); rouge pour le Rite Écossais Ancien et Accepté qui, à partir de 1803, préfère la couleur de la Légion d'honneur à celui de l'Ordre du Saint-Esprit.

Le rouge couleur de feu pour ce rite est adopté par le décret du 15 décembre 1808, mais il ne fera son apparition dans les rituels qu'après la reprise en main des degrés symboliques par le Suprême Conseil de France en 1821.

Au XXe siècle, une harmonisation du tablier s'est imposée, avec des décors uniques, dont les seules variations portent sur la couleur du galon qui entoure le tablier, selon le rite, le degré (Apprenti, Compagnon, Maître), ou la fonction du frère qui le porte: Vénérable Maître, Grand Officier provincial ou national... Au grade de Maître, le tablier – en peau ou en satin – est bordé de bleu au Rite Émulation, au Rite Français, Rite Écossais Rectifié; il est bordé de rouge au Rite Écossais Ancien et Accepté (celui de la Légion d'honneur) et de vert dans la Franc-Maçonnerie du bois.

Au RÉR, la bordure et la doublure des tabliers de Maître sont bleu pâle, les glands d'argent, montrant que le bleu du ciel commence à apparaître dans la blancheur, que l'innocence cède le pas à la connaissance et que l'obtention de degrés est marquée par plus de couleur et plus de beauté.

D'autres rites indiquent que la bordure doit être rouge, de même que les rosettes. Le tablier standard – tel qu'il a été défini en accord avec les autorités de la GLNF – est orné uniquement du tartan Royal Stuart (Tissu écossais de couleur rouge, bleu, blanc et jaune, dominé par le rouge).

Selon Roger Dachez, d'abord le bleu du Grand Maître est le bleu de l'ordre de la Jarretière, mais c'est alors un bleu clair, puis il devient un bleu foncé quand l'Ordre de la Jarretière est modifié par le roi Hanovrien en 1740… et alors l'ancien bleu de la Jarretière — celui qui est clair — devient le bleu des loges symboliques. Pourtant les premiers textes maçonniques indiquent: «je vous décore de l'insigne du maçon, plus ancien et plus honorable que les Chevaliers de la jarretière» (*Rituel Simon et Philippe*)

Rite	Couleur de la bordure en ruban moiré
FRANÇAIS Groussier	Bleu-vert
RÉAA	Rouge
MM	Violet
ROPM	Turquoise
ROS	Large bleu marine sur lequel est brodée or une corde aux lacs d'amour
RÉR	Large bleu ciel
Style ÉMULATION	Large bleu ciel
YORK	Large bleu York
RSÉ	Carreaux de couleur tartan rouge

Le blanc des gants

Dans le *Rituel du marquis de Gages*[84], on instruit le maître: «Je vous donne ces gants qui par leur blancheur dénotent la candeur des maîtres et que vous n'êtes du nombre de ceux qui ont trempé les mains dans le sang de l'innocent». L'examen des gants et du tablier viendra renforcer cette idée de suspicion, de trahison des engagements et même de meurtre. C'est en souvenir de cela que les maçons portent des gants blancs malgré leur chagrin, afin de proclamer qu'ils sont innocents de la mort du Maître Hiram.

---

[84] *Rituel du marquis de Gages,* p.56/72: <tinyurl.com/rituels-Marquis-de-Gages>.

Les gants blancs lissent l'identité commune des francs-maçons. Mettre des gants blancs, c'est glisser sa main dans un athanor qui alchimise l'homme en être fraternel et fait de lui un être de la Loge. Parce que ganté de blanc, le Franc-maçon n'est ni pouvoir ni violence mais fraternité; parce qu'il n'est pas fusion mais relation; il se dégage d'une assemblée de francs-maçons une impression d'apaisement, de sérénité et d'unité.

Les couleurs des étoiles

Si le blanc est d'usage le plus courant pour les bougies, il est à remarquer que des bougies de couleurs sont également utilisées. Par exemple au Rite Français Philosophique[85], le Jaune, le Rouge et le Bleu sont représentées par les trois bougies disposées rituellement sur le chandelier du Vénérable Maître. La bougie jaune au Nord-Est; la rouge, au Sud-Ouest; la bleue, au Sud-Est. Elles correspondent symboliquement aux trois moments qui marquaient la journée d'ouvrage du Maçon opératif d'autrefois; le jaune au levant, le rouge au couchant et le bleu pour l'entière journée d'ouvrage comprise entre le levant et le couchant (se reporter au chapitre *Que les lumières soient en loge*).

Les couleurs sur le tapis de Loge

Le rituel du Rite Français Philosophique en donne des précisions: Sur le tapis de Loge, la première marche est peinte en rouge, la seconde, en orangé, la troisième en jaune. Les autres marches et le porche sont peints couleur ivoire. Les colonnes sont de couleur bronze. Sur le fût de la colonne située à main droite figure la lettre B,

---

[85] <tinyurl.com/Rite-francais>.

couleur or; sur celle à main gauche, figure la lettre J, couleur argent. Autour du tapis, sur les côtés Nord, Est et Sud, court une Corde à sept nœuds, or et rouge. Le Compas est de couleur jaune avec les pointes de couleur bleue (rappelant *La Maçonnerie disséquée* de Samuel Prichard (1730) qui en donne les mêmes couleurs «- Avez-vous vu VOTRE Maître aujourd'hui? - Oui. - Comment était-il habillé? - Avec une jaquette jaune et des culottes bleues).

Les couleurs des chambres

Ces couleurs sont à apprécier au regard des consignes pour le décor des tenues surtout dans les Hauts Grades. Sans aborder ici leurs détails, on se reportera, par exemple, aux illustrations de l'ouvrage *Manuscrit Complet des 33 D.ʳˢ du Rit Ecc∴ Ancet∴ Ac͗ᵗᵉ∴*, écrit anonyme, non daté, certainement du début de la IIIᵉ République[86].

Les couleurs dans le catéchisme du Rite forestier des charbonniers

«Qu'est-ce que l'habillement qu'on vous a donné? Réponse – Il est commun à tous les fr. B. C. [frères bons cousins]; c'est la livrée de l'Ordre qui est composée de trois rubans, longs chacun de trois piés neuf pouces (à peu près une aune). Les couleurs particulières les distinguent: l'un est bleu de ciel [on trouve aussi blanc dans les sources du Rite], l'autre pouceau ou rouge couleur de feu et le troisième noir («de bleu du ciel

---

[86] <tinyurl.com/Rite-francais>

désigne la fumée d'un fourneau à charbon. Il est le symbole du brouillard épais qui m'a caché les mystères de notre Ordre jusqu'au moment de la réception. Le rouge pouceau désigne le feu du fourneau; il est le symbole du désir ardent que j'avais de me faire recevoir dans la société des francs Charb. Le noir désigne le charbon. Il est le symbole des ténèbres où j'étais sur tout ce qui concerne la Charbonnerie avant d'être admis dans l'Ordre)».

Dans le *Catéchisme des bons cousins charbonniers de Naples*[87], on trouve une autre explication: Q – De quelles couleurs sont ces rubans? R – Bleu, Rouge et Noir. Q – Que signifie le bleu? R – Le feu du Fourneau. Q – Que signifie le rouge? R – La flamme du fourneau. Q – Que signifie le Noir? R – Le charbon du fourneau. Q – Quelle est la signification mystique de chacune de ces couleurs? R – Le bleu signifie l'Espérance, le Rouge la Charité et le noir la Foi.

On appelle Maçonnerie Bleue la Franc-maçonnerie des trois premiers grades.

On dit aussi les Loges Bleues ou les Loges Symboliques. Les anglo-saxons utilisent surtout les expressions «*Craft degrees*» et «*Craft lodges*», c'est-à-dire «des loges et les grades du métier», les Américains ont souvent adopté l'expression «*Blue Lodges*». L'expression «Maçonnerie bleue» reste essentiellement française.

Outre dans les trois degrés de l'ancienne Maçonnerie, cette teinture se trouve aussi à plusieurs autres degrés, notamment au Rite écossais où il porte divers symboles:

---

[87] *Catéchisme des bons cousins charbonniers de Naples* : <tinyurl.com/Rite-forestier>.

les significations, cependant, sont toutes plus ou moins liées à un caractère original, évoquant amitié universelle et bienveillance.

Quelques mots sur les Couleurs compagnonniques.

Les couleurs sont avec la canne les emblèmes du compagnonnage. Ces couleurs ne sont pas dans le sens commun des couleurs, ce sont **des rubans aux formes, tailles et couleurs particulières où sont frappés rite, métier, grade et fonction du compagnon; elles varient selon les sociétés compagnonniques**. Elles sont portées chaque jour sur le chantier par le nouveau reçu durant trois mois, puis encore trois autres mois les dimanches et fêtes.

Aujourd'hui, chaque type de métier correspond à une couleur et il y en a cinq. Rouge métiers des métaux, bleu pour les métiers du bois. Et blanc métiers de la Pierre. Elles ont été portées au chapeau, au cou, aux boutonnières, à la ceinture. Chez les anciens dans la corporation du Devoir (Enfants de Maître Jacques) on portait de 3 à 7 couleurs: blanche, bleue, rouge, verte, noire, jaune-orange, violette. Le port des Couleurs et la longueur de la canne du compagnon donnent lieu à d'incessantes contestations provoquant de nombreuses rixes. Ainsi, les forgerons avaient reçu les charrons mais à la condition qu'ils portassent les couleurs à une boutonnière plus basse; les charrons avaient accepté mais n'avaient pas tenu promesse, portant les couleurs aussi haut que les forgerons. Il en a été de même pour les tanneurs qui voulurent arborer leurs couleurs au chapeau comme les charpentiers... Ceci suffisait à provoquer inimitiés et querelles interminables.

Il y a des couleurs de ville, de corporation, de deuil. «Que l'on m'apporte à l'instant mes couleurs. Je veux les voir avant de rendre l'âme. Chers Compagnons placez les sur mon cœur afin qu'elles me servent d'oriflamme», (E. Colomb). L'écharpe, c'est-à-dire de la «couleur» en velours que l'Aspirant reçoit lors de son «adoption» est ensuite, à la seule Association ouvrière des Compagnons du Devoir, frappée à chaud de symboles complémentaires.

Dans son livre le *Compagnonnage, son histoire, ses coutumes, ses règlements et ses rites*[88], Martin Saint-Léon explique les cinq couleurs associées au Maître Jacques, le chef des compagnons Tailleurs de pierre: «Que signifie la blanche? – Les larmes que Maître Jacques a versées pour nous. – Que signifie la rouge? – Le sang qu'il a versé pour nous. – Que signifie la bleu? – Les coups qu'il a reçus pour nous. – Que signifie la jaune? – La Persévérance. Que signifie la verte? L'Espérance».

---

[88] Martin Saint-Léon ,*Compagnonnage, son histoire, ses coutumes, ses règlements et ses rites*, p.260: <tinyurl.com/histoire-compagnonnage>.

8 DEBOUT ET À L'ORDRE POUR LA LIBERTÉ DU GADLU

Dans chaque mot il y a un oiseau aux ailes repliées qui attend le souffle du lecteur pour s'envoler. Aussi avons-nous voulu explorer une pensée inspirée de textes qui ont proposé une interprétation gnostique des commencements et, à partir d'eux, entreprendre une démarche analogique qui nous amène jusqu'au temple maçonnique. Il n'y a de notre part aucune intention catéchisante, ce n'est pas un enseignement, c'est seulement une manière de permettre à un oiseau de s'envoler et de nous accrocher à lui dans son envol.

L'espace est vécu différemment selon la manière dont il est investi. Chaque culture, chaque société découpe dans le monde certaines portions de l'espace pour en faire des aires occupées de manière différentes en les instituant de significations. Le lieu est un espace dans lequel on rajoute un récit, un lieu est un espace d'identité narrative. De même, notre histoire, nos vies avec leurs péripéties, le récit de notre vie nous fondent dans notre identité.

Le grec et l'hébreu n'ont pas la même façon de définir l'identité; les récits fondateurs sont différents. Leurs mythes, leur *muthos* (ce qui unit comme dans un mystère), indiquent des catégories existentielles opposées. Nous nous servirons de deux exemples pour montrer, comment, un peuple trouve son identité.

Héphaïstos (Vulcain) forgea entre autres les chaînes qui liaient Prométhée au sommet du mont Caucase; il fabriqua de même la foudre de Zeus et les flèches d'Artémis et d'Apollon. Il était né d'Héra et de Zeus, et ce fut à lui que revint la tâche de fendre le crâne de Zeus avec une hache pour permettre à la déesse Athéna de s'échapper. Il était laid, si laid que sa mère le jeta sur terre, il en devint définitivement boiteux. Plus tard, il tomba amoureux d'Athéna. Sa chair en frémissait en l'approchant, il bandait si fort l'arc de son sexe que lorsqu'Athéna le repoussa violemment, la flèche semencielle tomba et pénétra la terre. Les spartes (sperme) en naquirent. Ce récit fonde donc le lieu de l'identité grecque comme un surgissement de la terre, un rattachement géographique.

Abraham naquit à Ur en Mésopotamie. Le lieu de sa naissance n'est pas le lieu de son destin. *Lekh lekha* dit D. à Avram, ce qui signifie: va vers toi. Et il quitta Ur. Ce récit fonde l'identité comme un arrachement à la Terre. Le mot *ivrit*, l'hébreu est construit sur la racine IVR comme *avor* (le passage), *avera* (la rupture), *avera* (la transgression), *ouvar* (la transmission) et donc il est dans sa signification étymologique l'être de l'arrachement, de la rupture, du passage.

L'enracinement grec et l'arrachement hébraïque!

Avec Abellio, je dirai qu'il ne s'agit pas que de simples relations arithmétiques formelles, il y a un sens métaphysique qui les justifie. Les nombres sont des nœuds qualitatifs, des pôles de structuration du réel.

Un autre aspect de la différence entre Grecs et Hébreux paraît important. Les commencements de la pensée grecque, recueillis par Hésiode dans la *Théogonie et les Travaux et les jours,* relatent un genre de processus de vie dont on ne saurait oublier la violence native, d'abord entre les divinités primordiales, Ouranos, Géa, Kronos, Zeus, puis entre dieux et demi-dieux: Zeus et Prométhée, puis entre les dieux et les hommes, l'oracle divin et Œdipe, Sophocle et Eschyle prolongent Hésiode. La théologie de la Grèce antique apparaît dans un cercle de violence s'augurant par un refus (celui d'Ouranos qui n'accepte pas les naissances des générations issues de son accouplement avec Géa) qui se poursuit par un acte de rétorsion (la castration d'Ouranos par Kronos à l'instigation de Géa), vengeance et rétorsion reproduites à leur tour par la malédiction qu'appelle le «père» sur le parricide, malédiction à l'accomplissement de laquelle le fils de ce dernier est voué. Itération des cercles et de cycles de la puissance stérile qui freine l'émergence de la conscience en confinant l'écoulement du temps dans des histoires de méfiance, de défiance, d'engrenages de pouvoir, de trahisons et de peurs.

Les commencements bibliques énumèrent les générations primitives, où s'alternent de père en fils des personnages qui incarnent successivement le Bien et le Mal. L'hérédité n'est pas, ici, une reproduction itérative.

Le dieu de Thora aurait pu, lui aussi, s'estimer outragé, défié, profané dans le cas de Sodome et Gomorrhe et détruire, sans un mot, les auteurs de l'outrage ou les condamner à d'interminables souffrances. Or, la tradition hébraïque nous livre un Dieu de justice, non par l'exercice d'une vengeance mais par l'engagement d'un procès. Dès lors, l'histoire n'est pas comme chez les Grecs, déterminée dans l'airain d'un décret. Elle se construit dans une interlocution dialogale d'où procède, du même mouvement, une mutation des structures de la psyché, puisque ce Dieu cherche un protagoniste, un interlocuteur.

La violence grecque et la justice hébraïque.

Une parenthèse: pour la kabbale, les lettres sont équivalentes à des nombres selon des règles précises. Ainsi aux 9 premières lettres de l'alphabet hébreu sont attribués les 9 premiers chiffres, aux 9 suivantes les dizaines et aux quatre dernières les centaines. Cela permet par un jeu des chiffres et des lettres de trouver des congruences sémantiques entre des mots écrits avec des lettres dont la somme mathématique est la même. Ainsi le mot «mère» qui s'écrit em (aleph, mem) vaut 41 et le mot «père» qui se prononce av et s'écrit aleph, beth, vaut 3. Ce qui est intéressant, c'est que le mot «enfant», yeled, s'écrivant, yod, lamed, daleth, équivaut par la somme de ses lettres 10+30+4 =44 à la mère et au père, ensemble (41+3) et la durée totale de la Gestation sera de 271 jours; 271 étant la valeur de «Hérayon», הריון, la Grossesse!

Par quoi l'homme a-t-il la possibilité de se dépasser? Ce sera l'arrachement et la justice.

Ainsi, en hébreu, le mot **cham** qui veut dire là-bas, ainsi que le mot **chem** qui veut dire le nom, ce par quoi on identifie un être, ont la même valeur guématrique de 340 (chin = 300 et mem 40).. L'identité serait ainsi «un là-bas», lieu de l'invention de soi. Il se trouve que le mot **sepher** (le livre) a également une valeur guématrique de 340 (samer 60, phé 80, resh 200). Et ce que bruissent les ailes des oiseaux, c'est que le livre est aussi le lieu de l'identité hébraïque.

Pour les juifs, la Thora, le Livre, est le lieu où Dieu est manifesté. Pourquoi?

Les cinq livres de la Thora sont le nom du Saint, béni soit-il, selon l'expression de Ezra ben Salomon rapporté par Guershem Scholem. On retrouve un tel symbolisme chez Dante. En Paradis XXXIII, *il sommo poeta* utilise le symbole du livre pour évoquer la Forme de toutes choses, laquelle est, dans l'Intellect divin, la similitude globale de la création: «En son fond (de la lumière divine) je vis que s'intériorisait, lié par l'amour, en un volume, ce qui par l'univers s'effeuille».

Mais de quel Dieu parlons-nous? Écoutons ce texte du Zohar. «Sache qu'avant que ne soient émanés les émanés et que les créatures ne soient créées, une lumière supérieure simple remplissait toute la réalité. Il n'y avait aucune place libre, sous l'aspect d'un air vide et d'un creux, mais tout était rempli de cette lumière infinie simple; elle n'avait ni début ni fin; tout était lumière, une, simple, homogène d'une homogénéité une, et c'est ce que l'on appelle la Lumière de l'Infini (*Or Ein Sof*). Lorsque monta à sa volonté simple de créer les mondes et d'émaner les émanés pour manifester la perfection de ses actions, de ses noms et de ses attributs, ce qui était la cause de la création des mondes, alors, il se contracta lui-même, l'Infini, en son point central, vraiment au milieu; et il contracta cette lumière, qui s'éloigna sur les côtés, autour du point central. Il resta alors: une place vide, de l'air, un creux vide, de ce point central vraiment». Cette contraction, c'est le *tsimtsoum* de l'*Ein Sof*, avancé par le rabbi Isaac Louria au XVIe siècle; ce serait pour lui le processus primordial qui est à l'origine des mondes.

Mais, pour que la création puisse s'expanser, que l'infini ne la submerge pas dans un mouvement inverse, une délimitation en même temps fut installée. Depuis, une force maintient séparée la dualité en l'unité. Cette énergie ne serait-elle pas cette énergie noire, proposée actuellement par le commissariat à l'énergie atomique dans leurs dernières recherches astrophysiques, et qui, comme l'écrit Michel Cassé, fait naître «un état de grâce, d'élévation, où l'envol l'emporte sur la chute, une antigravitation»!

La doctrine hermétiste propose en son premier principe d'enseignement ce qu'est l'unité. On en trouve la preuve et l'énoncé dans la Table d'Émeraude. «Toutes les choses sont et proviennent d'Un, par la médiation d'Un. Toutes les choses sont nées de cette chose unique, son symbole est le cercle un qui s'achève en soi-même». Le serpent qui se mord la queue (ouroboros), exprime l'univers à «Un le Tout». Cela pourrait être représenté par le point d'un cercle. R en serait le rayon qui en hébreu se dit kav et vaut en guématrie 102 (qoph 100 et beth 2). Pi est alors «une énergie», un rapport de forces maintenant séparées les deux parties de l'unité. Il n'est pas lui-même la séparation, mais la force par laquelle il y a séparation. C'est la dualité. Dualité issue de la séparation de l'unité en elle-même. Séparation entre vide et plein, fini et infini,... Dualité séparée, mais toujours en une même unité que l'on peut exprimer par le périmètre d'un cercle de rayon 1 et qui se lit 1 Pi 2.

Lors de la Création du monde, Dieu a en quelque sorte restreint sa Lumière, c'est le Tsimtsoum, et, dans le vide formé par ce retrait, il laissa un *Rechimou*, une «empreinte», une rémanence, ce *Rechimou* est la trace de Lumière restante. Dans un second temps, Dieu envoie dans ce réceptacle (Rechimou) un fil de lumière, un *KAV*, qui, dans son développement, va constituer dix cercles. Les 10 Séphiroth sont à la fois ces 10 réceptacles-cercles et la lumière émanée par le tsimtsoum, elles sont la limite de la lumière divine mais en même temps la révèlent. Chaque monde a sa capacité propre de réception et de dévoilement de cette lumière. Cela est un plérome, une représentation imaginale de la manifestation et on l'appelle l'Arbre de vie. Le plérome, cette recombinaison fractale de l'Unité, est un inter-monde entre le Un et le monde matériel. C'est un réseau qui se propage comme un delta de fleuve ayant accumulé l'eau des rivières et des courants, portant des noms différents qui l'ont rejoint. Après son tsimtsoum, on ne l'appela plus Dieu mais le créateur, le grand architecte de l'univers, le Gadlu.

Paccioli, avec la divine proportion, exprimera au début du XVe siècle, la même idée de mathématisation de la création, celle du père P_1 générant, au sein de son Unité, le fils P_2 avec le formule $1=P^1-P^2$ (équation dont la racine positive est la proportion divine Phi).

Il est dit: La Thora est un arbre de vie. Le Livre est ainsi la limite de la lumière originelle mais en même temps sa révélation. Il est la finitude de l'Infini. Cela est indiqué par la première lettre des commencements, *béréchit*, le

Beth ב. Sa forme, qui se montre de droite à gauche, nous dit que pour la création, ce qui est avant, au-dessus et en dessous restera inaccessible et séparé, et que nous ne devons que regarder ce qui est devant (l'hébreu se lit de droite à gauche): Posons comme hypothèse que la Thora écrite est la finitude du Gadlu. Le mystère Dieu est inaccessible, le Gadlu n'en est qu'une de ses formes imaginales.

Imaginons alors le Gadlu vivant la solitude du lapin compressé au fond du chapeau d'un prestidigitateur. Comment lui rendre sa liberté, sa dimension infinie? Par l'*interprétation*! Par l'étude!

En refusant la prise du Texte au sens littéral, il y a aussi du même coup, le refus de mettre la main sur le divin. Il faut s'éloigner, il faut de la distance pour que le rapport ne soit pas idolâtre. Il faut déterrer la Bible pour en faire un arbre de liberté. Le premier souci de l'enseignement biblique n'est pas celui de l'existence de Dieu, d'un théisme par rapport à un athéisme, mais plutôt la lutte contre l'idolâtrie. Je revendique «l'athéisme métaphysique «dont parle le philosophe Lévinas, dans *Totalité et infini*: une forme de relation à Dieu qui n'est ni la voie mystique dans laquelle l'homme monte tellement vers Dieu qu'il s'annule dans le «Grand tout», ni l'idolâtrie qui fait tellement descendre Dieu dans le monde des hommes que celui-ci devient une idole. Je propose une relation qui maintient une distance entre Dieu et l'Homme. Le Texte et l'interprétation des Textes, sont justement le tiers grâce auquel on évite collusion et confusion. Tous les maîtres de la pensée juive, depuis les prophètes jusqu'aux maîtres contemporains, ont compris cela. Pour éviter ce piège de prendre la Thora écrite comme apparence de la

Présence, l'illusion de la possession du sens, la tradition hébraïque a introduit la notion de niveaux de signification que l'on distingue par quatre noms: Pchat (sens littéral), Rémèz (sens allusif), Drach (sens sollicité), Sod (sens caché). Les initiales de ces 4 mots donnent le mot **Pardès** qui signifie «verger» ou «paradis»!

Comme l'écrit Néher, le temps grec, en tant que dimension métaphysique, ne peut rien enfanter; il ne peut que se refléter en des images parfaitement semblables, alors que le temps hébreu se recrée par des enfantements en des avenirs imprévisibles. Le temps hébreu ne se recommence pas comme le temps grec, il engendre. Le Pseudo-Denys les compare à des voiles sacrés à travers lesquels luit le rayon divin. Plus on y puise, moins on les épuise. Grégoire de Nysse insiste lui aussi: «Il ne faut absolument pas s'arrêter à la lettre, mais passer à la contemplation immatérielle suivant ce qui est écrit: la lettre tue mais l'esprit vivifie». Selon Carlos Castanéda dans *Le Feu du dedans*: «Le mystère de la conscience est ténébreux. Les êtres humains exhalent l'odeur de ce mystère, de choses qui sont inexplicables. Nous considérer nous-mêmes autrement est une folie. Par conséquent, un guerrier ne rabaisse pas le mystère de l'homme en tentant de le rationaliser».

L'esprit n'est plus séparé de la lettre; il est caché en elle. Si dans l'Ancien Israël, le pontife portait deux tuniques, c'était pour signifier aux générations futures cette double acception de la Thora, selon la lettre et selon l'esprit. L'intelligence spirituelle vient ôter le voile de la lettre, ou le voile qu'est la lettre, afin d'en dégager l'esprit. Elle découvre l'esprit comme le soleil sous la nuée, comme la moelle sous l'écorce, comme le grain sous la paille.

Flamboiement des symboles maçonniques

L'interprétation n'est pas seulement perception, elle est constitutive de sens; et nous le savons bien ici, puisque nous disons que tout est symbole.

Les anciens Pères assimilent les Écritures à la robe, aux mille couleurs, tissée d'or, portée par la fiancée royale. D'emblée, le concept de liberté s'impose. «Si je suis à l'image de ce Dieu de libération, commente Marc-Alain Ouaknin, je dois moi aussi produire de la liberté. Comment? Par l'interprétation des textes, qui, loin d'être seulement une opération intellectuelle, permet justement d'inventer son histoire, de sortir de l'enfermement d'un destin, de ce qui est écrit». Ce commandement est donc une invitation à être novateur dans l'action, à inventer de nouvelles formes de vie, de nouvelles formes de pensée, notamment en abolissant les préjugés».

Il faut avoir la liberté d'inventer pour inventer la liberté», écrit Paul Ricœur.

Le Livre ne sera donc pas un recueil, un manuel. Il n'est pas un lieu de rassemblement de signes. Il n'est pas un système. Le livre sera le lieu de l'impossible simultanéité du sens. Le livre sera toujours le «livre à venir». Il nous introduit dans un temps qui ajoute du nouveau à l'être, de l'absolument nouveau comme l'écrit Lévinas dans *Totalité et infini*. Ce changement par lequel on devient autre, cette manière de se renouveler, de triompher du temps malgré la succession du temps, pour ne pas être entraîné vers la disparition, c'est peut-être l'aptitude à comprendre ce qui nous donne la vie, l'actualisation permanente d'une Immanence transcendante. C'est pourquoi, c'est la lecture qui fait autorité, plus que l'écriture. Le voile enlevé au Texte qui contient le Gadlu, par une incessante altérité, en lui rendant sa transcendance, ouvrira l'intelligibilité à tous les autres textes.

En français, le mot «altération», dérivé du latin, est très proche de «altérité». Alors le changement, le mouvement de l'être vers quoi doit-il tendre? Vers l'autre bruissent les mots. Quel autre?

Il est écrit: *mitsvot che ben adam la makom* qui veut dire les bons actes de l'homme envers Dieu; et pourtant le sens de makom se traduit par «lieu», le Temple.

Il est écrit aussi: *mitsvot che ben adam la havero* ce qui veut dire les bons actes de l'homme envers son prochain. Dans ces deux phrases, trop semblables pour ne pas être rapprochées, sont écrites les deux dimensions de l'être, la verticalité et l'horizontalité de ses relations au monde. Qu'est-ce que le lieu où se pratiquent les bons actes? Nous pouvons répondre à partir de ces deux phrases: un temple et le prochain. Comment vivre cette spiritualité au quotidien? Par l'humilité, la générosité et le refus de l'égoïsme.

Dans le judaïsme, est pur tout ce qui a trait à la générosité pour l'autre, est impur tout ce qui est en rapport avec l'enfermement sur soi et la mort. Le mot «clef», c'est la *bonté*. Pas le *«bien»*, qui n'est qu'un mot, mais la bonté, au sens de petit geste; car c'est là qu'est le véritable amour: dans les petits gestes. Les actes de Bonté ont une portée pour les vivants et pour les morts. *Tsédek*, la justice; *tsédaka,* la charité. La tsédaka équivaut à tous les commandements de la Thora; à elle seule, elle les contient tous. Elle consiste à être touché par n'importe quelle douleur éprouvée par quelqu'un; à lui offrir quelque chose de son avoir, et quelque chose de soi. Ne jamais faire comme si l'on n'était pas concerné par cette souffrance, que l'on fait spontanément sienne. Aux côtés de celui qui a besoin d'un appui; d'une manière inconditionnelle, non en vertu d'une loi, de principes, ou d'un avantage que l'on peut retirer de cette bonté. Ne pas se servir de sa force; ne pas accabler celui qui macère dans son échec. Ni par sa beauté, ni par son envergure, ni par sa sainteté. Ni par son génie. Ne pas montrer à quel point on a raison; s'abstenir de méchamment triompher. Si tu es vraiment juste, tu ne fais pas de mal; tu ne te sers pas de ton mérite, de ton savoir, pour montrer l'insignifiance de l'autre, qui ne mérite que dédain et mépris. Même si Dieu t'a choisi, ne sois pas méchant envers celui qui ne l'a pas été. Même si tes actes sont ceux de la générosité, ne stigmatise pas sévèrement et cruellement celui qui n'agit que suivant son intérêt. Mais, si tu choisis le chemin de la tsédaka, tous les commandements de ta Thora en découlent. Elle ne consiste pas seulement à donner une pièce au mendiant; mais une partie de toi, toi qui sais ce qu'est un être vivant, avec tous ses besoins.

La kabbale est une véritable révolution, elle n'est pas seulement une philosophie, un «amour de la sagesse», mais elle ouvre la voie à la «sagesse de l'amour»! Nos Sages nous enseignent que sauver un homme équivaut à sauver l'humanité entière.

Voilà pour le prochain. Quant au temple, voyons en quoi il permet à l'être d'advenir.

Lorsque les Hébreux reçurent les Tables de la Loi, ils construisirent sur les indications de la révélation, dans le désert, un temple mobile pour accueillir les 10 commandements qu'ils placèrent dans l'Arche d'Alliance. Ils utilisèrent des poteaux en cèdre du Liban pour soutenir une toile qui démarquait l'espace sacré. Le temple ainsi érigé fut le dévoilement de la sainteté dans la dimension d'un lieu. En effet, le Midrash raconte que Yaakov avait, par inspiration prophétique, vu qu'un jour sa descendance sortirait d'Égypte et qu'elle serait amenée à construire le Sanctuaire dans le désert. C'est pourquoi, lorsqu'il fut contraint à descendre en Égypte à cause de la famine, il apporta avec lui de la terre d'Israël des plants de shittim (acacia) qu'il fit planter à Goshen. Ainsi, tout au long de l'exil, les enfants d'Israël ont entretenu ces arbres qui étaient devenus le symbole de leur espérance.

Le poteau, le pilier qui marque le lieu, se dit en hébreu *amoud* et ce qui est parlant, c'est que ce mot a la même racine, aleph, mem, daleth (valeur 45), que les mots «debout» (*omed*), «adam», ce que l'on appelle le «cœur de la prière quotidienne» (*amida*), et le «pourquoi» (*madoua*). *Homo erectus*! Il a bien fallu que l'homme se redresse pour échapper à l'étant zoologique. Être debout, devenir un homme, c'est aussi s'interroger, et questionner c'est comme être au cœur de la prière.

À l'entrée du temple de Jérusalem, les piliers Jakin et Boaz furent fondus par Hiram et placés à cet endroit pour que tout homme, qui y entrait, réintègre en lui cette orientation: la verticalité (amoud) mais surtout le questionnement (madoua). Le temple est le lieu où l'homme doit être debout, c'est-à-dire parlant et questionnant. Le debout et à l'ordre, ouverture sur la parole, est alors le surgissement du temple qui s'érige comme lieu où l'on peut être debout, prêt à avancer vers soi-même.

Le dialogue demeure le moment crucial afin de surmonter les désaccords et d'instaurer la compréhension à la fois comme participation et partage. Chacun doit s'adresser à l'autre et recevoir ses propos par et à travers «une écoute poétique» de ce qu'il dit: «Tout vrai dialogue implique donc qu'on s'incline devant l'autre, qu'on accorde à son point de vue une réelle importance et qu'on pénètre dans son esprit pour comprendre non l'individu, mais ce qu'il dit. Ce qu'il nous faut saisir, c'est la validité essentielle de son opinion pour qu'il puisse y avoir entre lui et nous entente sur ce dont il est question».

Le succès du dialogue entre les individus à propos de l'objet de préoccupation est conditionné par le principe de la finitude, selon lequel les individus doivent accepter les limites de ce qu'ils savent et que le savoir est une connaissance partagée. Comprendre, c'est parvenir à un consensus (compréhension entente), c'est faire intégrer la vérité de l'objet dans notre monde et éclairer le sens qu'il a pour nous.

Il s'agit en somme d'étendre le champ de la compréhension comme apprentissage et d'inscrire la vie et ses préoccupations dans une perspective et un horizon plus large. L'herméneutique de Dilthey (philosophe des sciences sociales du XIXe siècle) est une philosophie de la vie articulée sur la logique des expériences vécues. La compréhension de soi et d'autrui s'inscrit dans le foisonnement inépuisable *hic et nunc* de l'expérience. Dilthey renverse la conception hégélienne de l'Esprit pour désigner non pas ces expériences spéculatives qui s'acheminent vers un savoir absolu, mais des expériences vécues qui s'enracinent dans le monde de la vie: l'art, la philosophie, la religion, la logique et les sciences ne sont pas des formes de savoir fondues dans un savoir absolu et clos, mais des expériences vitales et des manifestations de la pensée historique.

Les *chéroubim*s, mâle et femelle, placés sur l'Arche d'Alliance, se font face, et dans leur posture semblent s'interroger l'un l'autre.

Ce que Freud a génialement introduit en psychanalyse c'est le couché-écoute-debout. La mise sur le divan, pour le temps de la parole écoutée par l'analysant, suivie du relèvement de l'analysé, c'est l'être restauré dans sa verticalité après l'horizontalité où l'écoute a redonné une dimension, une consistance vécue dans l'altérité, une réparation du manque de l'autre. Il faut entendre la parole de l'autre comme un parfum qui, s'il est écouté, va développer progressivement une note de tête, puis une note de cœur, et enfin beaucoup plus tard une note de fond. Et, quand l'autre perçoit qu'il est ainsi écouté, il se sait aimé.

Pour résumer, l'identité c'est l'arrachement qui indique un «là-bas» de justice et de bonté. **Il faut un exode permanent allant du Je enfermé sur lui-même vers sa libération dans le soi appartenant au Nous.**

En pratiquant l'éthique, l'homme est debout, prêt au mouvement vers l'autre, à la fois horizontalement vers le prochain et verticalement vers le Gadlu. Ainsi le rite de la posture du «debout et à l'ordre» peut être considéré comme la concrétisation de la mémoire qui invite à l'accomplissement de la transcendance. Et cet accomplissement opèrera, de proche en proche, la libération du Gadlu.

Il faut choisir, certes. Peut-être faire un pari ridicule. L'esprit a choisi, mais il attend éternellement que nous lui redonnions sa liberté avec la nôtre. Si l'on ne veut pas du choix, qu'on ait au moins le courage ou l'impudence, ou tout simplement la sincérité, de ne plus parler d'être, mais du néant, un néant qui n'aurait alors avec le non-être que le privilège de l'éternité.

À PROPOS DE L'AUTEUR

Jacques-André éditeur
TU, *Lettres de Passion,* 2001 (Prix Laure de Noves)

Éditions de La Hutte
Pour éclairer le chemin, Une approche philosophique de la Franc-maçonnerie, 2011
Vocabulaire de l'apprenti franc-maçon, 2ème édition, 2012
Vocabulaire du compagnon franc-maçon, 2012
Vocabulaire du maître franc-maçon, 2013
Éléments de tracés avec règle et compas, La concordance maçonnique, 2015
Que signifie tailler sa pierre?, 2015

Éditions ledifice.net
Rassembler ce qui est épars, 2020
Vocabulaire de l'apprenti franc-maçon, 3ème édition, 2020
Vocabulaire du compagnon franc-maçon, 2ème édition, 2021

Éditions Ubik
Il était une fois un mythe, Hiram, 2021
La gestuelle maçonnique, 2021

Numérilivre Éditions
Tracés maçonniques, l'esprit de la géométrie, 2022

Éditions Dervy
Dictionnaire vagabond de la pensée maçonnique, 2017 (**prix littéraire de l'Institut maçonnique de France,** catégorie Essais et Symbolisme)
Franc-maçonnerie. Comment passer du profane au sacré, 2023